Auf den Spuren Carlos Castanedas

Studien zu einer anderen Ansicht der Welt

Auf den Spuren Carlos Castanedas

Studien zu einer anderen Ansicht der Welt

Mit Beiträgen von Sam Keen, Thomas Greub,
Karl-Heinz Krüll, Hellmut Coerper,
Jürgen Kremer, Donald Barthelme u.a.
Incl. eines Interviews mit Carlos Castaneda
Mit Illustrationen von Klaus Dieter Schiemann

ZERO

Vierbaumer Heide 82a
D-4134 Rheinberg 4

Erweiterte, korrigierte und
verbesserte Ausgabe des
"Ulcus-Molle-Sonder-Info Nr. 2".
Eine andere Ansicht der Welt.
Bottrop 1976
Cover:
Benjamin Last
Druck:
Schiborr KG, Mülheim
Printed in Germany
ISBN 3-922253-03-2

CIP-Kurztitelaufnahme der Deutschen Bibliothek

Auf den Spuren Carlos Castanedas : Studien zu
e. anderen Ansicht d. Welt / mit Beitr. von
Sam Keen . . . Incl. e. Interviews mit Carlos
Castaneda. — Erw., korrigierte u. verb. Ausg.
d. "Ulcus-Molle-Sonder-Info Nr. 2" Eine andere
Ansicht der Welt. — Rheinberg : Zero, 1981.
ISBN 3-922253-03-2

NE: Keen, Sam [Mitverf.]

INHALT

TEXTHINWEISE

Aus den verschiedensten Quellen wurden Texte und Stellungnahmen zu den Arbeiten Castanedas zusammengetragen. Das Buch vermittelt keine in sich geschlossene Darstellung, sondern präsentiert verschiedene Zugänge zu dem Phänomen Carlos Castaneda.

Magie und Realität, aus: TIME MAGAZINE, übersetzt von Runar Pfeiffer

Sam Keen, Zauberlehrling. Ein Gespräch mit Carlos Castaneda, mit freundlicher Genehmigung von PSYCHOLOGIE HEUTE

Hellmut Coerper, Auf den Spuren Castanedas. Vergleichende Überlegungen zu Carlos Castaneda, Originalbeitrag

Thomas Greub, Eine andere Ansicht der Welt, Originalbeitrag

Stephan Gritsch, Die leuchtenden Wesen oder die Blase der Wahrnehmung. Drei schematische Darstellungen, Originalbeitrag

Jürgen Kremer, Meister seines Lebens werden. Indianische Lehre und westliche Weltsicht, mit freundlicher Genehmigung von PSYCHOLOGIE HEUTE

Karl-Heinz Krüll, Castaneda/Peyote. Zur Wirklichkeit psychoaktiver Drogen als Teil (möglicher) Urgemeinschaften, aus: Indianer Heute

Donald Barthelme, Die Lehren des Don B.: Ein Yaqui-Weg des Wissens, aus: Unter dem Pflaster liegt der Strand, Band 8

Dietrich Schrooten, Hermann Casten-Eder oder: Gibt es Don Juan wirklich?, aus: JOHANNA, Stadtzeitung für Duisburg

"Es kommt nicht darauf an, was man verrät oder was man für sich behält. Alles, was wir tun, alles, was wir sind, beruht auf unserer persönlichen Kraft. Haben wir genug davon, dann genügt uns vielleicht ein einziges Wort, das uns gesagt wird, um unser ganzes Leben zu ändern. Haben wir aber nicht genügend persönliche Kraft, dann mag es sein, daß uns die wunderbarste Weisheit offenbart wird, und diese Offenbarung würde nichts bewirken."
Juan Matus

MAGIE & REALITÄT

Don Juan und der Zauberlehrling

> *Glendower: "Ich vermag's, die Geister*
> *der Tiefe anzurufen."*
> *Hotspur: "Was soll's, das kann*
> *auch ich; jeder kann's*
> *aber kommen sie auch,*
> *wenn du's verlangst?"*
> *(Aus Heinrich IV, 1. Aufzug)*

Die mexikanische Grenze trennt zwei Welten. Auf der einen Seite geraten die überhäuften Denkschemata der westlichen Ratio-Vorstellung gefährlich ins Schwanken. Die altbekannten Gesellschaftsformen – Gutsherr und Landarbeiter, Priester und Politiker – sind einem völlig fremden Land aufgezwungen worden, dem geheimnisvollen Mexiko nämlich, mit seinen brujos (Hexenmeistern, Medizinmännern) und carismaticos (von göttlicher Gnade Erleuchteten), seinen Wahrsagern und Magiern.

Einige ihrer Praktiken gehen 2000-3000 Jahre zurück und gründen auf den Peyote-, Pilz- und Sonnenaufgangskulten der alten Azteken und Tolteken. Vier Jahrhunderte katholischer Unterdrückung im Namen von Glaube und Ratio haben die alten Kulte zu einer lächerlichen und verfolgten Subkultur degradiert. Und doch existiert die mythische Zauberwelt immer noch in diesem Land mit seinen 53 Mio. Einwohnern, wo es auf vielen Marktplätzen in den Dörfern immer noch den Mann gibt, der Heilkräuter, Peyotekugeln und getrocknete Kolibris anbietet. Lange Zeit haben sich nur Anthropologen für diese Kulte interessiert, und vor nur 5 Jahren hätte es kaum jemand für möglich gehalten, daß die Abhandlung eines Professors über dieses geheimnisvolle Thema, veröffentlicht unter dem Namen der als konservativ bekannten University of California Press, einer der Jahresbestseller der frühen 70er Jahre werden würde.

Die alten Yaqui

Der Bestseller war "The Teachings of Don Juan: a Yaqui Way of Knowledge" (1968). Es hat mit den Nachfolgebüchern "A Separate Reality" (1971) & "Journey to Ixtlan" (1972) den Autor und seine Hauptfigur – ein Anthropologe namens Carlos Castaneda und ein geheimnisvoller alter Yaqui aus Sonora mit Namen Juan Matus – in den USA zu Kultfiguren gemacht.

Kurz gesagt beschreiben Castanedas Bücher, wie ein europäischer Rationalist langsam in die Praktiken indianischer Zauberkunst eingeführt wird. Sie umfassen einen Zeitraum von 10 Jahren, während denen ein junger Akademiker unter der geisterkundigen, harten und manchmal auch komischen Führung Don Juans zu begreifen versucht, was er die "andere Realität" der Zauberwelt nennt. Die Suche nach mystischer Erhellung erscheint heute immer häufiger auf der Favoritenliste junger amerikanischer Leser. (Beispiel: Hermann Hesses Roman "Siddharta"). Der Unterschied zu anderen Veröffentlichungen liegt bei Castaneda darin, daß er seinen Don-Juan-Zyklus nicht als Roman vorstellt, sondern als ein Dokumentarbuch, das nichts verschönert.

Den ersten Leserkreis fanden der listige, lederbraune, alte Medizinmann und der junge Akademiker in den jungen Mitgliedern der Gegenkultur; und viele von ihnen lasen Castanedas Bücher, weil sie seine Erlebnisberichte mit Halluzinogenen (oder psychotropen Drogen) wie Jimsonweed, göttlichen Pilzen und Peyote kannten. Aber Castanedas Bücher propagieren die Droge nicht, und bald nahm sich auch der amerikanische Mittelstand seiner an. Zehntausende alter & junger Leser kennen das erste Treffen zwischen Castaneda & Juan Matus – es fand 1960 in einem staubigen Busbahnhof in Arizona nahe der mexikanischen Grenze statt – besser als die Begegnung zwischen Dante und Beatrice an den Ufern des Arno. Das liegt wohl daran, daß Don Juans Lehren genau in dem Moment gedruckt wurden, in dem mehr Menschen als jemals zuvor geneigt waren, nicht-rationale Dinge auch zur Realität zu zählen. Dieses neue Bewußtsein zeigt sich auf vielerlei Weise, angefangen von ESP-Experimenten, die indirekt von der US-Regierung unterstützt werden, bis zu der ekstatisch schreienden Menge 13jähriger Kalifornier, denen von einem Kind-Heiligen (Guru Maharaj-Ji), der mit einem Charter-Jet extra aus Bombay einflog, die ewige Seligkeit versprochen wird. Der Akupunktur-Spezialist genießt dieselbe Beliebtheit wie Dr. Hipp, und seine

Nadeln funktionieren erwiesenermaßen, niemand weiß, wie. Wie dem auch immer sei, mit Castanedas wachsender Berühmtheit wachsen auch die Zweifel an ihm. Don Juans Existenz ist von niemandem glaubhaft bewiesen, und Juan Matus ist bei den Yaqui ungefähr so häufig wie bei uns Peter Müller. Gibt es Castaneda wirklich? Wenn ja, hat er dann Don Juan nur erfunden? Erfindet Castaneda nur die von ihm beschriebene seltsame Welt?

Bei allen diesen Möglichkeiten ist zumindest eins ganz sicher: Castaneda oder ein Mann mit diesem Namen existiert. Er lebt in Los Angeles, ein beredsamer, braungebrannter Anthropologe, umgeben von solch massiven Existenzbeweisen wie einem VW-Bus, einer Master-Charge-Karte, einem Appartement in Westwood & einem Strandhaus. Ebenso massiv ist seine Berühmtheit. Bis jetzt aber hat er alle Filmangebote ausgeschlagen.

"Ich möchte Anthony Quinn nicht als Don Juan sehen", sagt er schroff.

Jeder, der in Castanedas Lebensgeschichte eindringt, findet sich inmitten einer ganzen Reihe von Widersprüchlichkeiten. Aber Castanedas Bewunderer stört das kaum. "Betrachte es mal von der Seite", erklärt einer, "entweder erzählt Castaneda dokumentarische Fakten über sich & Don Juan; dann ist er ein großer Anthropologe. Oder er erzählt seine Geschichte so, daß jeder glaubt, es sei die Wahrheit, und dann ist er ein großer Romanschriftsteller. Wie du's auch nimmst, Carlos ist auf jeden Fall ein großer Mensch."

Und tatsächlich sind seine Bücher sehr einleuchtend geschrieben, obwohl sein Autor in ein geheimnisvolles Rätsel gehüllt zu sein scheint. Castanedas Geschichte offenbart sich uns mit einer erzählerischen Eindringlichkeit, die unter anderen anthropologischen Studien ohne Konkurrenz ist. Der Hintergrund – mit orgelpfeifenartigen Kakteen besetzt, von den glänzenden Lavablöcken der mexikanischen Wüste bis zu dem baufälligen Innern von Don Juans Hütte – zieht er wie ein Bild an dem geistigen Auge des Lesers vorbei und vorüber. Es ist eine in Details so sorgfältig beschriebene Welt wie etwa Faulkners "Yoknapatawpha County".

In allen seinen Büchern, besonders aber in "Reise nach Ixtlan" läßt C.C. seinen Leser alles intensiv miterleben, den Druck geheimnisvoller Winde und das Zittern der Blätter im Zwielicht, den besonders ausgeprägten Spürsinn des Jägers, das rauhe Leben der Indianer, den wohltuenden Geruch des Tequila & den gemeinen, fiebrigen Geschmack von Peyote, den Staub, der in den Wagen weht, und die Leichtigkeit des Vogels in der Luft. Es ist erstaunlich konkret beschrieben, voller animistischer Bedeutungen. Und der Animismus ist berechtigt, betrachtet man die Geisterhaftigkeit der Geschehnisse.

Die Ausbildung eines Zauberers ist, wie C.C. es beschreibt, langwierig. Sie hat zur Folge, daß Don Juan die Weltanschauung des jungen Anthropologen zerstörte. Die Anschauung, was real genannt werden konnte, und was nicht. "The Teachings" beschreibt die Anfänge dieser Zerstörung. Natürliche Drogen spielten dabei eine Rolle. Eine natürliche Droge war Lophophora williamsii, der Peyote-Kaktus, der, wie Don Juan versicherte, eine Wesenheit namens Mescalito ruft, einen kundigen Lehrer, der "dir die richtige Lebensart beibringt". Eine andere Droge war Jimsonweed, die Don Juan als Anwesenheit des unversöhnlichen Weiblichen beschreibt Die dritte schließlich war humito – der leichte Rausch – zubereitet aus feingeriebenen Psilocybin-Pilzen, die jahrelang getrocknet waren und die dann mit 5 anderen Pflanzen vermischt wurden, darunter auch mit Salbei. Das Gemisch rauchte man in einer rituellen Pfeife, um Weissagungen aussprechen zu können.

Solche Drogen, betonte Don Juan, gäben den Zutritt frei zu den 'Mächten' oder zu den vielen, nicht an Menschen gebundenen Kraftströmen, die ein "Wissender" – seine Bezeichnung für Magier – auszunutzen wissen müsse. Von Don Juan vorbereitet und angeleitet erlebte C.C. im Rausch eine schreckliche oder überirdisch schöne Situation nach der anderen. Nachdem Castaneda Peyote-Kugeln gekaut hatte, sah er Mescalito erst als einen schwarzen Hund, dann als vibrierende Lichtsäule & schließlich als grillenähnliches Wesen mit grünem, warzigen Kopf. Er hörte Ehrfurcht heischendes und unerklärliches Rumpeln von den toten Lavahügeln.

Nachdem er humito geraucht hatte & mit einem 2-sprachigen Koyoten gesprochen hatte, sah er den "Hüter der anderen Welt", wie er vor seinen Augen als 100 Fuß hohe Stechmücke mit vielen spitz zulaufenden Haarbüscheln und sabberndem Mund erstand.

Als er z.B. seinen Körper mit einer Salbe aus Datura (?) eingerieben hatte, erlebte der erschreckte Anthropologe all die Gefühle eines Fliegenden.

Bei allem wußte C.C. meist nicht, was eigentlich passiert war. Er konnte nicht sicher sein, was das Erlebte bedeutete oder ob er irgend etwas davon "wirklich" erlebt hatte. Das zu erklären war Don Juans Aufgabe.

Aber warum sollten gerade Castanedas Erfahrungen interessanter sein als die anderer, wo doch diese Zeit voll von Beschreibungen guter und schlechter Trips ist? Nun, erstens, weil sie so augenscheinlich mitten in ein System führten – wenngleich in eins, das ER zu dem Zeitpunkt noch nicht begriff –, das von dem indianischen Führer mit priesterlicher und rigoroser Disziplin eingeführt wurde. Zweitens, weil Castaneda sich sehr viele und außerordentlich lebendig wirkende Notizen machte. Hier als Beispiel die Wirkung von Peyote:

"Innerhalb weniger Augenblicke verschluckte mich ein Tunnel, sehr tief und eng, hart und von seltsamer Kälte. Als ich ihn berührte, fühlte er sich an wie eine Wand aus solidem Stanniol – ich erinnere mich, daß ich in Richtung auf einen runden Punkt oder etwas ähnliches kriechen mußte, wo der Tunnel dann aufhörte; als ich dann schließlich ankam – kam ich überhaupt an? – hatte ich alles über den Hund, Don Juan und mich selbst vergessen."

Das Interessante daran ist vielleicht, daß Castaneda während all dem an seiner rationalistischen Denkweise nichts änderte. Er suchte seine Zuflucht in Fragen: ein hartnäckiger, oft hilfloser Versuch, einen sokratischen Dialog mit Don Juan aufrechtzuerhalten.

"Bin ich geflogen wie ein Vogel?" 'Du stellst mir immer Fragen, die ich nicht beantworten kann. Was du wissen willst, ergibt keinen Sinn. Vögel fliegen wie Vögel, und ein Mensch, der das Kraut des Teufels (Jimsonweed) geraucht hat, fliegt dementsprechend.'

"Dann bin ich nicht wirklich geflogen, Don Juan, ich bin nur mit meiner Seele geflogen. Aber wo blieb mein Körper?" Und so ging es weiter.

Nach eigenen Angaben dauerte die erste Phase seiner Lehrzeit von 1961-1965, als C.C. sich von Don Juan zurückzog, erschreckt, daß er langsam seinen Realitätsbegriff verlor. Bis dahin besaß er bereits einige tausend Seiten voller Notizen. 1968, als "The Teachings" erschien, ging er wieder nach Mexiko, um dem alten Mann ein Exemplar auszuhändigen. Nun begann seine zweite Lehrzeit. Allmählich erkannte Castaneda, daß Don Juans Gebrauch psychotroper Pflanzen nicht der Weisheit letzter Schluß sei und daß die Zaubererlaufbahn ebensogut auch ohne Drogen durchlaufen werden könne.

Aber das erforderte eine perfekte Willensbeherrschung. Ein Wissender, so erklärte Don Juan, könne nur zum Wissen gelangen, wenn er zunächst ein "Kämpfer" werde – natürlich kein Profi-Krieger, sondern ein Mensch, der total mit seiner Umwelt verwachsen sei, schnell, unbelastet von Gefühlen oder "persönlicher Geschichte". Ein Kämpfer weiß, jeder Schritt kann sein letzter sein. Er ist allein. Der Tod ist die Wurzel seines Lebens, und in seiner ständigen Anwesenheit handelt er immer "unfehlbar". Dieser Stoizismus seiner eigenen Existenz gegenüber ist der Grundgedanke in Castanedas Büchern. Das Ziel des Kämpfers ist es, ein "Wissender" zu werden und so zu den Magiern gerechnet zu werden. Er will "begreifen". "Begreifen" bedeutet in Don Juans Lebensanschauung, die Welt direkt zu erkennen, zu erkennen, "was die Welt im Innersten zusammenhält", ohne es lange deuten zu müssen. Castanedas zweites Buch, "A Separate Reality", beschreibt Don Juans Versuche, ihm mit Hilfe der Pilze das "Begreifen" beizubringen. "Journey to Ixtlan" handelt von dem zweiten Stadium, dem "Begreifen" ohne Hilfe der Drogen, obwohl es viele öde Erlebnisse und die frühere Einführung Castanedas in den Gebrauch von Peyote, Datura und Pilzen wiedererzählt.

"Die Schwierigkeit liegt darin", so Castaneda, "daß man lernt, mit dem ganzen Körper wahrzunehmen und nicht nur mit den Augen und dem Verstand. Die Welt wird zu einer Folge sehr schneller und einzigartiger Vorfälle. Daher muß man seinen Körper so trainieren, daß er ein guter Empfänger wird; der Körper ist ein Wahrnehmer und er muß als unfehlbar angesehen werden." Das ist leichter gesagt als getan. Ein Teil dieses Trainings besteht aus ständigem, sogar liebevollem Hinwenden der Sinne auf die Wüste, ihre Tiere und Vögel, ihre Geräusche und Schatten, die Schwankungen ihrer Winde und auf die Stellen, an denen ein Schamane ihre geistigen Wesenheiten treffen kann: Kraftquellen, Zufluchtsgebiete.

Wenn C.C. auf seine Erziehung als Jäger und Pflanzer zu schreiben kommt, während der er die Macht der Kräuter kennenlernt, das Fangen der Kaninchen lernt, zieht seine Erzählung uns in seinen Bann. Don Juan und die Wüste ermöglichen es ihm zeitweise, und ohne Drogeneinfluß, zu "begreifen", oder wie der Yaqui sagt, "die Welt anzuhalten".

Aber solch ein Zustand der Erfahrung, die ohne Interpretation auskommt, entzieht sich der Beschreibung – sogar denen, die vollkommen überzeugt sind, daß Carlos Castaneda die Wahrheit schreibt.

Nicht jeder kann Castanedas Werk als das Wiederaufleben einer bestimmten Erkenntnisweise bewundern, einer Erkenntnisweise, die im Westen weitestgehend abgeschafft worden ist, begraben vom Materialismus und Pascals Zweifeln seit der Renaissance; längst nicht jeder tut es oder will es auch nur; und doch gibt es viele, die es tun. So sagt Mike Murphy, Begründer des "Esalen Institute": "Das Wesentliche, das Don Juan gelehrt hat, ist das zeitlos Gültige, das schon von den großen indischen Weisen und den Gurus neuerer Zeit gelehrt worden ist."

Der Schriftsteller Alan Watts meint, daß Castanedas Bücher eine brauchbare Alternative zu der vom Schuldgedanken beherrschten jüdisch-christlichen und der blind mechanischen Lebensauffassung anbieten: "In Don Juans Lebensauffassung ist der Mensch die bedenkende Zentralfigur. Wenn wir uns nicht mehr von der Natur absetzen, kehren wir zu dem Bild des würdigen Menschen zurück." Aber alle diese Erklärungen und Hinweise berücksichtigen in keiner Weise den nächstliegenden Anspruch in Castanedas Büchern: den Anspruch, Zeugnis für die Anthropologie als ein detaillierter und glaubhafter Bericht über einen Teil der Kultur mexikanischer Indianer zu sein, wie sie anhand der Sprache und Handlungen eines Mannes, eines Schamanen namens Juan Matus, aufgezeigt wird. Dieses Zeugnis steht und fällt mit der Glaubwürdigkeit Don Juans als existierendes Wesen und Carlos Castanedas als Zeugen. Allerdings gibt es außer Castanedas Schriften keine Bestätigung dafür, daß Don Juan wirklich getan hat, was er getan haben soll, und kaum Beweise dafür, daß er wirklich lebt.

Seit der Veröffentlichung von "The Teachings" haben Möchtegernschüler & Gegenkulturdilettanten ganz Mexiko nach dem alten Mann durchgekämmt. Der ersten Don Juan-Suchgruppe begegnete man in der Brujo Bar-B-Q des Mescalito-Motels. Junge Mexikaner werden wütend, wenn sie hören, daß die dafür zuständigen Stellen eine Übersetzung von Castanedas Büchern ins Spanische nicht zur Veröffentlichung kommen lassen. So erklärte z.B. ein mexikanischer Student, selbst auf der Suche nach Don Juan: "Wenn die Bücher erscheinen, könnte die Suche nach ihm leicht in eine Goldrausch-Panik ausarten."

Castaneda behauptet, sein Lehrer sei 1891 geboren, in der Zeit der Diaspora der Yaqui (1890-1910), während der sie über ganz Mexiko verteilt waren. Seine Eltern waren von Soldaten getötet worden. Er wurde Nomade. Daher stammen die Elemente der Magie Don Juans, die Schamanenlehren mehrerer Kulturen. Einige von ihnen sind im Yaqui-Glauben überhaupt nicht enthalten. Viele Indianerstämme, z.B. die Huicholen, brauchen Peyote für ihre Rituale, auf beiden Seiten der mexikanischen Grenze – einige sogar für vermischte christlich-schamanistische Rituale. Die Yaqui dagegen benutzen Peyote nicht.

Don Juan ist äußerst schwer zu finden, weil er seinen lästigen Bewunderern wohlweislich aus dem Weg geht. Vielleicht ist er auch keine Einzelperson, sondern ein Konglomerat aus mehreren Indianern, oder er ist nur ein Pseudonym für einen anderen Schamanen. Die Meinungen darüber gehen auseinander, sogar unter Castanedas Bewunderern. "Sind diese Bücher möglicherweise Tatsachenromane?" fragt die Schriftstellerin Joyce Carol Oates leise an. "Sie scheinen bemerkenswerte Werke zu sein, über das an Hesse erinnernde Thema eines Menschen, der eine andere Wirklichkeitsebene sucht. Sie sind herrlich aufgebaut. Der Charakter von Don Juan bleibt im Gedächtnis haften. Man findet schriftstellerische Triebkraft, sich zuspitzende, spannende Handlung, eine behutsame Einführung in die Charaktere."

Es dürfte klar sein, daß Juan Matus ein Pseudonym ist, um das Privatleben des Lehrers nicht zu zerstören. Warum er unzugänglich und undurchsichtig ist, ist in den Büchern von Castaneda beschrieben. Von Zeit zu Zeit fordert Don Juan Castaneda auf, es ihm gleichzutun und sich nicht nur von der täglichen Routine, die die Sinne abstumpft, freizumachen, sondern auch von dem Gefängnis der eigenen Vergangenheit. "Niemand kennt meine Lebensgeschichte", erklärt der Alte in "Ixtlan". "Niemand weiß, wer ich bin und was ich tue. Selbst ich nicht. Wir halten entweder alles für sicher und real, oder nichts. Wenn wir den ersten Weg gehen, langweilen wir uns an uns und der Welt zu Tode. Wenn wir dem zweiten Wege folgen und unsere Lebensgeschichte vergessen, schaffen wir einen Nebel um uns und damit einen sehr interessanten und mystischen Zustand."

Zum Leidwesen für jeden, der hinter beweisbaren Tatsachen über Carlos Castanedas Leben her ist, hat Don Juans Schüler die meisten seiner Lektionen auswendig gelernt und keine Notizen darüber gemacht. Nachdem "The Teachings" ein Underground-Bestseller geworden war, wurde weithin angenommen, sein Autor sei El Freako, The Acid Academic, eine total ausgeflippte Type mit einem ausgebrannten Labyrinth als Gehirn, das von geheimnisvollen Alkaloiden erhellt wird, auf seinem Weg durch die Wüste, mit einer Krähe auf dem Hut.

Persönliches

Castaneda sagt, er trinke keine harten Sachen und rauche nicht; Marihuana liegt ihm nicht, selbst Kaffee trinkt er nicht. Er meint, Peyote kaue er nicht mehr, und seine einzigen Drogenerfahrungen habe er bei Don Juan gesammelt. Seine eigenen führerlosen Begegnungen mit Drogen waren unproduktiv. Als er 1964 zu einer East Village-Party eingeladen war, die auch von solchen Größen wie Timothy Leary besucht wurde, stellte er lediglich fest, daß dort nur Unsinn geredet wurde. "Sie waren wie Kinder, die in unzusammenhängenden Offenbarungen schwelgten. Ein Zauberer nimmt Halluzinogene aus völlig anderen Gründen als diese Kinder, und wenn er erreicht hat, was er erreichen wollte, nimmt er sie nicht mehr."

Es soll erwähnt werden, daß Castaneda sich als "Mr. Straight" vorstellte und so auf geniale Weise die irreführt, die seine Lebensgeschichte erforschen wollen. Was ist nun tatsächlich sein persönlicher Hintergrund? Der der Geschichte bekannte Carlos

Castaneda, Anthropologe und Schamanenschüler, wird geboren, als er Don Juan 1960 trifft; die Bücher und seine bekannte Karriere an der U.C.L.A. dokumentieren sein Leben von da an. Aber was davor war, ist im Nebel verborgen. Die Time-Korrespondentin Sandra Burton verbrachte viel Zeit mit Castaneda und fand ihn attraktiv, hilfsbereit und überzeugend – bis zu einem Punkt –, aber jedesmal, wenn er über sein Leben vor 1960 sprach, warnte er, er werde Namen, Ort und Zeit ändern, ohne damit allerdings die emotionale Wahrheit seines Lebens zu ändern. "Ich habe nicht gelogen oder gesponnen", erklärte er ihr. "Spinnen wäre unsinnig und würde heißen, nichts zu sagen und nicht die Sicherheit zu geben, die jeder sucht." Im Laufe der Gespräche bot Castaneda mehrere Lebensgeschichten an, die sich weiter änderten, als Sandra Burton ihm vorhielt, seine vielen Informationen könnten nicht wahr wein, weder emotionell noch irgendwie anders.

Wie die verschiedenen Versionen seines Lebens sind auch Castanedas Bücher eine Einladung dazu, widersprüchliche Arten von Wahrheit anzunehmen. Der Kern seiner Bücher und Don Juans Lehre ist die Annahme, Realität sei keineswegs absolut. Sie ändert sich für jeden von uns je nach Kulturkreis und Fortschritt. "Der Welt wurden durch unsere Beschreibung von ihr Zusammenhänge gegeben", wiederholt Castaneda Don Juan. "Vom Augenblick unserer Geburt an wurde die Welt für uns gemacht. Was wir sehen, ist nur eine Beschreibung."

Verschiedenes

Zusammengefaßt bedeutet das, daß alles, was der Mensch als Reatität annimmt, ebenso wie auch seine Begriffe von den rationellen Möglichkeiten dieser Welt, durch Übereinkunft bestimmt ist, durch einen Sozialvertrag also, der von Kultur zu Kultur verschieden ist. Schon immer war für einen Menschen, der seine eigenen Spuren in der Geschichte in Frage stellt, der Weg schwer – besonders, wenn er wie Castaneda versucht, andere von der Richtigkeit seiner Auffassung zu überzeugen. Anthropologie handelt von Natur aus von verschiedenen Ansichten, und daher von verschiedenen Wirklichkeiten innerhalb verschiedener Kulturkreise. Wie Castanedas Kollege Edmund Carpenter vom Adolph College bemerkt: "Primitive Völker haben viele verschiedene Wirklichkeiten. Sie glauben nicht wie wir an ein Universum, sondern an ein Multi- oder Biversum." Und doch ist dieser schulmäßige Relativismus unverdaulich für viele, die sich gern rückversichern, daß es nur eine Welt gibt und daß die "Gültigkeit" der Ansichten einer Kultur nur an dieser einen Norm gemessen werden sollen und können. Jeder Mythos, so argumentieren sie, kann bequemerweise als eine Vorform dessen gesehen werden, was der Westen als Lineare Geschichte bezeichnet: ein Regentanz der Hopi ist lediglich eine unwirksame Form dessen, was als wissenschaftliches Regenmachen gut funktioniert.

Castanedas Bücher wirken auf andere Weise. Er ist redegewandt und überzeugt die Leser, wie unsinnig es ist, eine andere Kultur nur mit seinen Anschauungen zu erklären oder zu beurteilen. "Nimm mal an, da ist ein Navajo-Anthropologe", sagt er, "es wäre interessant, ihn zu bitten, uns zu studieren. Er würde seltsame Fragen stellen, wie 'wie viele eurer Spielkameraden waren verhext?'. Für Navajos ist diese Frage ungemein bedeutend. Natürlich würdest du antworten, du wüßtest es nicht, und denken was für eine blöde Frage es doch sei. Und der Navajo würde denken: 'Mein Gott was für ein armer Dummkopf! Was für ein primitiver armer Hund!'"

Vertausche einmal die Rollen, argumentiert Castaneda, und du hast das typische Verhalten westlicher Anthropologen. Und das, wo eine relativ einfache Alternative existiert: das Problem der Anthropologie ist das Erwerben der Zugehörigkeit. "Es ist verflucht viel Arbeit", erklärt er die Jahre, die er mit Don Juan verbracht hat. "Was Don Juan mit mir machte, ist einfach das: er erklärte mir die Zugänge zu seinem Magiertum, indem er mir die dazu nötigen Schritte beibrachte."

Nicht die Jahre des Studiums, sondern die Art der angebotenen Erkenntnisse haben Castaneda zum Narren der Rationalisten gemacht. Um die Wahrheitsebene eines anderen anzunehmen, muß man erst seine eigene aufgeben, und da niemand seine angewöhnten Vorstellungen so einfach aufgeben kann, gehört schon eine große Portion Kraft dazu, mit ihnen zu brechen. Die historisch bedingten eigenen Wirklichkeitsvorstellungen und ihre Wahrheit sind gerade im Westen sehr stark. Seit den ekstatisch mystischen

Religionen Griechenlands ist unsere Kultur immer wieder herausgefordert worden von dem Wunsch, ihren dominierenden Eigenschaften zu entkommen: weg vom Linearen, vom Kategorischen, vom Feststehenden.

Ob C.C. nun eine bedeutende Figur in der Evolution anthropologischer Begriffsvorstellungen ist, wie einige führende Gelehrte annehmen, oder nur ein brillanter Romancier mit einzigartigen Kenntnissen der Wüste und indianischer Lehre, auf jeden Fall muß sein Werk als bedeutend eingestuft werden. Und es ist noch nicht zu Ende. Im Augenblick (1973) stellt er das vierte und letzte Buch der Don Juan-Serie "Tales of Power" fertig, um es im nächsten Jahr zu veröffentlichen.

"Kraftquelle"

Sein viertes Buch konfrontiert uns klarer als die drei vorangegangenen mit dem eigentlichen Ziel Don Juans schwieriger Lehren: einer besonderen Form des uralten Wunsches, die mysteriösen Kräfte des Universums zu kennen, günstig zu stimmen und nach Möglichkeit auch nutzbar zu machen. In diesem Sinne können Atomspaltung, die Sünde des Prometheus und Castanedas Suche nach einer "Kraftquelle" bei Los Angeles als zusammengehörig betrachtet werden. Viel von der Magie, die Don Juan in Castanedas Büchern auf ihn ausübt, (z.B. läßt sie Castaneda glauben, sein Auto sei verschwunden) erinnert an den Seiltrick der Fakire, den die Gurus für unsinnig halten. Alles in allem vermitteln die Bücher ein vordringliches Gefühl der Kraft, die durch unser Leben schwingt und unsere Auffassung der Wirklichkeit etwa so beeinflußt wie ein großes Magnetfeld zahlreiche kleine Eisenspäne.

Castaneda betont, daß man sich von der Kraft eines Magiers keine Vorstellung machen kann, aber inwieweit ein Zauberlehrling hoffen darf, sie zu gebrauchen, hängt unter anderem von dem Grad seines Einfühlens in die Magie ab. Den vollen Gebrauch dieser Kraft kann man nur mit Hilfe eines "ally" (Verbündeten) erreichen. Ein "Verbündeter" ist eine geistige Einheit, die sich dem Schüler als Führer anschließt – oft auch als Verführer. Ein "Verbündeter" erscheint bei dem Lehrling, wenn dieser zu "erkennen" versucht, wie Castaneda in seinen früheren Büchern. Der Lehrling kann die Herausforderung annehmen. Und wenn er mit dem "Verbündeten" kämpft, wie Jakob mit dem Engel, und den Kampf verliert, wird er, wie es in Don Juans oft geheimnisvoller Sprache heißt: "be snuffed out" (ausgeblasen). Aber wenn er gewinnt, winkt ihm die "True Power", die Wahre Kraft und letztmögliche Erwerbung eines Zauberers, die nicht mehr mit Worten erklärt werden kann. Castaneda behauptet, die Herausforderung mit dem "Verbündeten" angenommen zu haben. Er läßt sich auf einen inneren Kampf auf diesem Gebiet ein. Manchmal, so sagt er, fühlte er sich weggezerrt von seiner Beschäftigung mit der Zauberei zurück in die mondäne Welt. Er verspürt den äußerst realen Drang, ein anerkannter Schriftsteller und Anthropologe zu sein und seinen jungen Ruhm zusammen mit dem gedruckten Wort auszunutzen, um seinen erwartungsvollen Lesern den Verständniszugang zu anderen Wahrheitsebenen zu öffnen.

Geleitwort

Wie die meisten Menschen, die mystische andere Wahrheitsebenen erforscht haben und zurückkommen, scheint auch Castaneda seine Wiedereingliederungs-Schwierigkeiten zu haben. Liest man die Bücher, so wird man finden, daß Don Juan ihm eine geregelte Zeiteinteilung abempfohlen hat, und sogar in seinem Appartement in L.A. ißt und schläft er, wie er gerade Lust hat, oder er fährt raus in die Wüste. Aber oft arbeitet er an seinem Manuskript 18 Stunden am Tag. Er hat große Übung darin, der Öffentlichkeit aus dem Weg zu gehen. Niemand weiß mit Sicherheit, wo er zu irgendeiner Tages- oder Jahreszeit sein wird. "Carlos ruft mal aus einer Telefonzelle in L.A. an, kurze Zeit später ist er in Yuma", erläutert Michael Korda, sein Herausgeber bei Simon and Schuster. Die wenigen guten Freunde verraten seinen Aufenthaltsort nicht an irgendwelche Möchtegernpriester, zum Teil auch, weil seine eigene Erfahrung mysteriös ist und er sie sowieso nicht erklären könnte. Er hat eine Freundin, aber selbst seine Freunde kennen ihren Nachnamen nicht. Er meidet Fotografen wie die Pest. "Ich lebe unter diesen seltsamen Leuten, die von mir Offenbarungen erwarten. Sie erwarten etwas, was ich nicht geben kann. Ich habe mal eine sehr große Klasse in Irvine gehabt, und es schien, daß sie alle nur darauf warteten, daß ich anfänge zu plaudern." Dann wieder scheint er entschlossen zu sein, ein wirklicher Zauberer zu sein. Er sagt: "Die Kraft strömt in dich ein, und du weißt nicht, wie. Ich bin nun an einem Wendepunkt, und ich muß mich weiter vervollkommnen. Meinen Doktor zu bekommen, war mein Zwischenziel, meine Zauberei, und nun bin ich am Grenzpunkt eines Kreises, der die Berühmtheit einschließt. Aber dies ist das letzte, das ich über Don Juan schreibe. Nun werde ich ein vollkommener Zauberer sein. Erst mein Tod kann das ändern." Es ist eine romantische Rolle, diese anthropologische Geste, die von Wesenheiten spricht, die zu einer anderen Zeit Dämonen genannt worden wären. Wird Castaneda der Dr. Faustus von Malibu Beach, begleitet vom Mephistopheles im Sombrero?

Warten wir die nächste Episode ab. Inzwischen haben seine Bücher es für den Leser schwergemacht, jemals wieder das Wort "primitiv" väterlich herablassend zu gebrauchen.

Sam Keen

ZAUBERLEHRLING

Prolog

Zauberer mögen keine Statistiken, nachprüfbares Wissen oder festgesetzte Identitäten. Ihre Tradition ist uralt, ihr Wissen esoterisch und ihre Lebensweise unübertrefflich seltsam. Als Carlos Castaneda über die Lehren von Don Juan zu berichten begann, war er mehr als ein Zuschauer in der Welt der Zauberkunst, aber auch kein Anhänger derselben. In den Jahren danach fand er, daß die Weisheit Don Juans der sicherste Führer auf „dem Pfad mit Herz" war. Als Jünger ist er schwerer zu fassen denn als Anthropologe. Je berühmter (berüchtigter) seine Bücher werden, desto weiter zieht er sich aus der Aufmerksamkeit des Publikums zurück. Seine Bücher *Die Lehren des Don Juan, Eine andere Wirklichkeit,* und *Reise nach Ixtlan* wurden in Amerika mit über einer halben Million Exemplaren verkauft (1975).

Um sein Image und die Legende um ihn zu kompensieren, löscht Carlos Castaneda seine persönliche Geschichte aus und hält absichtlich Informationen zurück, die die Anonymität zerstören könnten, die er braucht, um frei in den Welten umherzuschweifen, die es gibt oder geben könnte. Wenn er in der offiziellen Welt gefangen wird, wo das Zurückbehalten von Informationen gleichbedeutend mit Verrat ist, gibt er manchmal Name, Dienstgrad und Personalkennziffer an. Dann verschwindet er, wie der einsame Wanderer, in einer Wolke von Gerüchten.

Lässig. Gewöhnlich wird aus zuverlässigen Quellen berichtet, daß Castaneda vor 35 oder 36 Jahren in Brasilien geboren wurde. Den größten Teil seiner Jugend verbrachte er in Argentinien, bevor er in die Vereinigten Staaten kam, um Anthropologie zu studieren. Im Sommer 1960 begann er, Informationen über Heilpflanzen zu sammeln.

Er traf einen alten Indianer, Don Juan Matus, der in dem Ruf stand, etwas über Peyote zu wissen, und wurde sein Freund. Nach einem Jahr, in dem sich ihre Freundschaft langsam gefestigt hatte, erklärte Don Juan, daß er ein *brujo* (Hexer, Medizinmann, Heiler) sei und daß er beschlossen habe, sein geheimes Wissen an Carlos weiterzugeben. Castaneda akzeptierte, da er auf seine Fähigkeit vertraute, die seltsame Welt der Zauberkunst rationalisieren und transzendieren und dabei seine anthropologische Lässigkeit bewahren zu können. Die nächsten zwölf Jahre pendelte Castaneda zwischen den Hallen der University of California und den Geisterhügeln von Mexiko hin und her. Wenn er auch an den Grenzen des Wahnsinns rührte, gelang es ihm doch, seine geistige Gesundheit zu erhalten und an seiner Dissertation in Anthropologie zu arbeiten.

Krähe. Interessanter als die vermeintlichen Fakten über Castaneda sind die Veränderungen, die er durchgemacht hat, und die Wunder, deren Zeuge er war. Einmal wurde er zu einer Krähe. Mit Hilfe des Rauches einer Zauberpflanze beobachtete er, wie Krähenflügel aus seinen Wangenknochen sprossen und wie ein Schwanz aus seinem Halse wuchs. Und dann flog er mit drei weiteren Krähen für drei Tage fort. (Wer je Krähen gejagt hat, wird jeden beneiden, der je die Möglichkeit hatte, in ihre unheimlichen Köpfe zu kriechen. Als Aas-Experten und Hygiene-Ingenieure müssen sie zwischen Lebendem und Totem unterscheiden können. Dadurch sind sie Bewegungsfachleute. Ihre Weisheit besteht darin zu erkennen, wann sich etwas zu schnell, zu langsam oder gerade richtig bewegt. Und das ist keine unwichtige Kenntnis. Sie könnte unserer Kultur, in der wir einen Dämon namens Fortschritt verehren, der uns in wahnsinniger Geschwindigkeit in Bewegung und Veränderung hält, große Dienste erweisen.)

Kojote. Und das war nur der Anfang seines Lehrganges. Castaneda traf auf Kreaturen, die man in der Realität nur selten findet. Bei seinem Versuch, die andere Wirklichkeit der Welt des Zauberers zu betreten, hielt ihn eine Riesenmücke an, die fast 100 Fuß hoch war. Es gab noch weitere Gefahren. Eine schöne Zauberin, la Catalina, wollte seine Seele stehlen und zwang ihn zu tödlichem Kampf. Einmal tötete er sie beinahe mit einem Gewehr, als sie den Fehler beging, die Gestalt einer Amsel anzunehmen und zu nahe an Don Juans Haus vorbeizufliegen. Als Carlos endlich genug Mut aufbrachte, den Huf eines wilden Ebers in la Catalinas Nabel zu rammen, sah sie, daß sein Entschluß feststand, und belästigte ihn nicht mehr. Ein Großteil von Carlos' Macht resultierte aus einem Treffen mit Mescalito, dem erdbeerköpfigen, grünhäutigen Peyote-Geist. Aber es gab auch Zeiten, in denen er sogar ohne Hilfe seiner psychotropen Freunde unglaubliche Sachen sah. Eines Tages ließen Don Juan und sein Freund Don Genaro Carlos' Auto vor dessen stocknüchternen Augen verschwinden. Ein andermal unterhielt Carlos sich mit einem leuchtenden, zweisprachigen Kojoten.

Konsensus. Dies alles sind nur geringfügige Tricks, gelegentliche weite Trips. Das Wunder der Wunder war Castanedas zielsichere ständige Reise ins Herz der gewöhnlichen Realität. Die Dinge sind selten das, was sie scheinen. Dadurch, daß Don Juan die Quellen seiner Zauberkunst teilte, versuchte er, in Carlos die Fähigkeit zu entwickeln, die tägliche Welt mit fragenden Augen zu betrachten.

Don Juan ist ein guter Soziologe des Wissens. Er weiß, daß die Welt der Realität des gesunden Menschenverstandes ein Produkt des sozialen Kosensus ist. Um staunen zu können, müssen wir uns der Erklärungen und Annahmen entledigen, die unsere Sicht formen und beeinträchtigen. Wenn wir unsere normale Weltsicht ausklammern, können wir sehen, wie willkürlich sie ist. Don Juan benutzt Zauberei und psychotrope Pflanzen, um Carlos in diesem Ausklammerungsprozeß zu helfen. Die gebildetesten Philosophen unseres Jahrhunderts haben versucht, das gleiche durch reines Denken oder Einsicht zu erreichen.

Wege. Hier vermischen sich Fakten und Fiktion, um tatsächliche Ereignisse in Allegorie umzuformen. Ein Student des deutschen Phänomenologen Edmund Husserl, der um Castanedas Interesse an Phänomenologie wußte, gab ihm ein Stück Ebenholz, das einst auf Husserls Schreibtisch gestanden hatte. Carlos hatte Passagen aus Husserls „Ideen" gelesen und sie mit Don Juan besprochen, und er gab das Geschenk an diesen weiter. Don Juan befühlte das Ebenholz liebevoll, wie Husserl eine Generation vor ihm, und gab ihm einen Ehrenplatz in seiner Sammlung von Beschwörungsobjekten, und das ist völlig angemessen. Husserl wollte der Objektivität und dem Solipsismus entkommen, die das Vermächtnis der Definition Descartes waren, daß der Mensch ein rationales Wesen sei, das in den sicheren Erkenntnissen seines eigenen Verstandes eingeschlossen ist. Genauso lehrte Don Juan, daß es ein Fehler sei, sich in der Welt der Psyche zu verirren und die Wunder zu vernachlässigen, von denen wir umgeben sind. Eine Rettung oder geistige Gesundheit innerhalb eines isolierten Selbst gibt es nicht. Wenn wir Mittel und Wege fänden, das Bewußtsein zu befreien, die Schranken unserer Aufnahmefähigkeit, die uns durch den gesunden Menschenverstand auferlegt sind, zu öffnen, könnte niemand vorhersagen, welche seltsamen Dinge wir entdecken würden.

Veränderung. In seinem letzten Buch *Reise nach Ixtlan* zeigt Castaneda, daß es eher die realistischeren als die phantastischen Aspekte der Lehren des Don Juan waren, die ihn überzeugten, es gäbe keine andere Möglichkeit, ein reiches Leben zu führen. „Don Juan erinnerte mich ständig daran, daß ich sterben müßte", sagt er. Als Tod für Castaneda Realität wurde, konnte er sich ändern, entschlossener und weniger von den Erwartungen anderer und der gewöhnlichen sozialen Routine bestimmt werden. Er akzeptierte das Lebensideal des Kriegers, seinen Körper zu disziplinieren und Kraft zu sammeln. Durch den Versuch, untadelig zu leben, entdeckte Carlos die paradoxe Einheit von Gegensätzen. Disziplin und Unbeherrschtheit, Realismus und Phantasie, sekundäres und primäres Denken gehen Hand in Hand.

Charisma. Jedes Zeitalter entdeckt oder erschafft sich die Helden, die es braucht. Unser Zeitalter besitzt eine merkwürdige Auswahl. Vielleicht haben wir das Gefühl, daß wir mehr und mehr zu Fremden in einem fremden Land werden, und so bevölkern wir unsere Welt mit Hobbits (s. Tolkien, *Der kleine Hobbit,* Bitter Verlag) und Gurus, Charismatikern und Forschern veränderter Bewußtseinsstadien. Die Namen Carlos Castaneda, Don Juan, Timothy Leary, John Lilly und anderer Psychonauten sind vielen Leuten bekannt, die Neil Armstrong für den typischen Amerikaner halten. Unsere okkulten Helden legen Zeugnis für den Wunsch nach einem Zeitalter der Verzauberung ab. Wir haben die alten Träume satt. Wir glaubten, die Anhäufung von Wohlstand würde uns Sicherheit geben und technologische Macht würde uns unsere Umgebung so lange manipulieren lassen, bis sie unseren Wünschen genügt. Doch haben wir genauso viel Beklemmung wie Glück und mehr Chaos als Fortschritt gefunden. Nun scheint uns die Zeit gekommen, einen anderen Weg zu probieren. Weder Technik noch Regierung können die Welt genügend ändern, um die Bedürfnisse der Menschen zu befriedigen, die verstanden haben, daß sie sterben müssen. So erwekken wir den uralten Begriff der Macht persönlicher Visionen zum Leben. Der neue Mystizismus erklärt, daß Aufklärung den Vorrang vor Plänen für soziale Veränderungen hat. Das Auge des Schauenden muß rein werden, bevor es neue Möglichkeiten sehen kann. Es liegt Gefahr in der Verzauberung. Wir wissen, daß der tyrannische Bereich von Maschinen, Profit und Machtpolitik nur wachsende Entfremdung und Ungerechtigkeit bringt. Daraus folgt aber nicht, daß ein Rückzug aus der Politik in einen Naturmystizismus oder Privatismus dem Überleben dienen wird. Vision ohne Politik ist so gefährlich wie Politik ohne Vision. Wir brauchen die verblüffenden Wunder der Welt Don Juans ebenso wie die prophetischen Proteste der Berrigans. Und wir sollten uns alle die Augen der Krähen leihen, um einen kritischen Blick auf Geschwindigkeit und Richtung unserer Bewegungen zu werfen. Nach Castanedas Rückkehr vom Krähenflug war er tagelang tief erschüttert. Er lebte mit der Angst, die allen Reisenden gemein ist, die die Welt auf der anderen Seite des Spiegels betreten. Eine Zeitlang wußte er nicht, ob er ein Professor war, der so tat, als wäre er eine Krähe, oder eine Krähe, die so tat, als wäre sie ein Professor. Dann lachte er und erkannte, daß buchstäbliche Wahrheit und Dichtung nie getrennt werden können. Wichtig ist, hoch zu fliegen und zur Erde zurückzukehren.

Ein Gespräch mit Carlos Castaneda

Sam Keen: Als ich Don Juan durch Ihre Bücher verfolgte, kam mir manchmal der Verdacht, er sei eine Schöpfung Carlos Castanedas. Er ist fast zu gut, um wahr zu sein – ein weiser alter Indianer, dessen Kenntnis der menschlichen Natur fast jeder anderen überlegen ist.

Carlos Castaneda: Die Idee, ich könnte eine Person wie Don Juan zusammengedichtet haben, ist unvorstellbar. Er ist kaum die Figur, die meine europäische intellektuelle Tradition hätte erfinden können. Die Wahrheit ist viel seltsamer. Ich habe nichts erschaffen. Ich bin nur Berichterstatter. Ich war nicht einmal auf die Veränderungen in meinem Leben vorbereitet, die meine Verbindung mit Don Juan beinhalten.

Keen: Wie und wo trafen Sie Don Juan und wurden sein Lehrling?

Castaneda: Ich beendete gerade mein Grundstudium an der *University of California* in Los Angeles und wollte Anthropologie weiterstudieren. Ich war daran interessiert, Professor zu werden, und wollte damit beginnen, indem ich einen kurzen Bericht über Heilpflanzen veröffentlichte. Ich dachte nicht im Traum daran, einen Sonderling wie Don Juan zu finden. Ich war mit einem Schulfreund in einem Busdepot in Arizona. Er machte mich auf einen alten Indianer aufmerksam, der über Peyote und Heilpflanzen Bescheid wußte. Ich bemühte mich um beste Haltung, als ich mich Don Juan vorstellte, und sagte: „Ich habe gehört, daß Sie viel über Peyote wissen. Ich bin Fachmann von Peyote", (ich hatte Weston La Barres *The Peyote Cult* gelesen) „und es könnte sich vielleicht für Sie lohnen, mit mir zu essen und zu sprechen." Nun, er schaute mich nur an, und meine Forschheit zerschmolz. Ich wurde völlig stumm und starr. Ich war im allgemeinen ziemlich aggressiv und wortreich, deshalb war es ein außergewöhnliches Ereignis für mich, durch einen Blick zum Schweigen gebracht zu werden. Danach fing ich an, ihn zu besuchen, und ein Jahr später teilte er mir seinen Entschluß mit, mir die Zauberkenntnisse beizubringen, die er von seinem Lehrer gelernt hatte.

Keen: Dann ist Don Juan also kein isoliertes Phänomen. Gibt es eine Gemeinschaft von Zauberern, die ein geheimes Wissen teilen?

Castaneda: Gewiß. Ich persönlich kenne drei Hexer mit sieben Lehrlingen, und es gibt noch viel mehr. Wenn Sie die Geschichte der Eroberung Mexikos durch die Spanier lesen, werden Sie sehen, daß die katholischen Inquisitoren die Hexerei auslöschen wollten, da sie diese als Werk des Teufels ansahen. Hexerei hat es seit vielen Jahrhunderten gegeben. Die meisten Techniken, die Don Juan mich lehrte, sind sehr alt.

Keen: Einige der Techniken der Zauberer sind auch in anderen okkulten Gruppen gebräuchlich. Man benutzt oft Träume, um verlorene Gegenstände wiederzufinden, und manche Leute ver-

lassen ihren Körper während des Schlafs. Aber nach Ihrem Bericht, wie Don Juan und sein Freund Don Genaro Ihr Auto im hellen Tageslicht verschwinden ließen, konnte ich mich nur verwundert am Kopf kratzen. Ich weiß, daß ein Hypnotiseur die Illusion der An- und Abwesenheit eines Objektes schaffen kann. Könnten Sie hypnotisiert worden sein?

Castaneda: Möglicherweise so was Ähnliches. Aber wir müssen uns erst einmal darüber klar werden, daß, wie Don Juan sagt, viel mehr in der Welt ist, als wir annehmen. Unsere normalen Erwartungen über die Realität sind durch sozialen Konsensus geschaffen. Man lehrt uns, wie die Welt zu sehen und zu verstehen ist. Der Trick der Sozialisation liegt darin, uns zu überzeugen, daß die Beschreibungen, auf die wir uns geeinigt haben, die Grenzen der wirklichen Welt definieren. Unsere sogenannte Wirklichkeit ist nur eine Art, die Welt zu sehen, eine Art, die von sozialem Konsensus unterstützt wird.

Keen: Dann schafft der Zauberer wie ein Hypnotiseur eine Alternativwelt dadurch, daß er andersartige Erwartungen aufbaut und Stichworte manipuliert, um einen sozialen Konsensus zu produzieren.

Castaneda: Genau. Meine Auffassung über Zauberkunst entspricht heute dem, was Talcott Parsons über *glosses* gesagt hat. *Glosses* sind das gesamte System von Vorstellung und Sprache. Zu den *glosses* gehört z.B. auch unsere Vorstellung von dem Zimmer, in dem wir gerade sind. Wir haben eine Serie isolierter Vorstellungen zusammengefaßt – Fußboden, Decke, Fenster, Lichter, Teppiche usw. –, die eine Ganzheit bilden. Aber man mußte uns lehren, wie man diese Welt so zusammensetzt. Ein Kind erforscht die Welt mit wenig vorgefaßten Vorstellungen, bis man ihm beibringt, die Dinge so zu sehen, wie sie zu den Beschreibungen der Allgemeinheit passen. Die Welt ist Zustimmung. Das System der *glosses* ähnelt irgendwie dem Laufen. Wir müssen Laufen lernen, haben wir es aber einmal gelernt, gibt es nur eine Art des Laufens. Wir müssen Sehen und Sprechen lernen, aber wenn wir es einmal gelernt haben, sind wir der Sprachsyntax und der Vorstellungsweise, die sie enthält, unterworfen.

Keen: Zauberei wie Kunst lehren also ein neues System von

glosses. *Als z.B. Vincent van Gogh mit der künstlerischen Tradition brach und die „Sternennacht" malte, sagte er damit tatsächlich: „Hier ist eine neue Art, die Dinge zu sehen. Sterne sind lebendig, und sie wirbeln in ihrem Energiefeld herum."*
Castaneda: Nur zum Teil. Aber es gibt einen Unterschied. Ein Künstler ordnet gewöhnlich nur die alten *glosses* um, die seiner *Mitgliedschaft* eigen sind. *Mitgliedschaft* besteht darin, ein Experte der Innuendos der Bedeutung zu sein, die eine Kultur beinhaltet. Meine ursprüngliche Mitgliedschaft z.B., wie die der meisten westlichen Menschen, lag in der europäischen intellektuellen Welt. Man kann nicht aus einer Mitgliedschaft ausbrechen, ohne in eine andere eingeführt zu werden. Man kann nur die *glosses* umordnen.
Keen: Hat Don Juan Sie re- oder desozialisiert? Lehrte er Sie ein neues Bedeutungssystem oder nur eine Methode, sich des alten Systems zu entledigen, um die Welt als staunendes Kind zu sehen?
Castaneda: Don Juan und ich stimmen darüber nicht überein. Ich sage, er hat mir ein neues Bedeutungssystem gegeben, und er sagt, er hat mich aus jedem System gelöst. Durch die Lehre der Zauberkunst gab er mir einen neuen Satz *glosses*, eine neue Sprache und eine neue Weltsicht. Ich las Don Juan einmal einen Teil der linguistischen Philosophie Ludwig Wittgensteins vor, und er sagte lachend: „Ihr Freund Wittgenstein band sich die Schlinge zu eng um den Hals und kann deshalb nirgends hingehen."
Keen: WITTGENSTEIN ist einer der wenigen Philosophen, die Don Juan verstanden hätten. Seine Auffassung der Vielfalt von Sprachspielen – Wissenschaft, Politik, Dichtung, Religion und Metaphysik, jedes mit eigener Syntax und eigenen Regeln – hatte ihm erlaubt, die Zauberkunst als Alternativsystem von Vorstellung und Bedeutung zu verstehen.
Castaneda: Aber Don Juan glaubt, daß seine Art zu sehen bedeutet, die Welt ohne jegliche Interpretation zu begreifen. Es ist reine, staunende Perzeption. Zauberei ist ein Mittel zu diesem Zweck. Um die Gewißheit zu zerbrechen, daß die Welt so ist, wie man es uns immer gelehrt hat, muß man eine neue Beschreibung der Welt lernen – Zauberei – und dann alt und neu an-

einanderhalten. Dann wird man sehen, daß keine der Beschreibungen endgültig ist. In dem Augenblick schlüpft man zwischen die Beschreibungen: man hält die Welt an, um zu sehen. Es bleibt einem nur noch das Wunder, das wahre Wunder, die Welt ohne Interpretation zu sehen.

Keen: Halten Sie es für möglich, mit Hilfe psychedelischer Drogen jenseits von Interpretation zu gelangen?

Castaneda: Ich glaube nicht. Darum liege ich auch mit Leuten wie Timothy LEARY in Streit. Ich meine, er hat nur innerhalb seiner europäischen Mitgliedschaft improvisiert und alte *glosses* umgestellt. Ich habe nie LSD genommen, aber von Don Juan's Lehren habe ich mitbekommen, daß psychotrope Mittel benutzt werden, um den Strom gewöhnlicher Interpretationen zu stoppen, die Widersprüche innerhalb der *glosses* zu übertreiben und Sicherheit zu zerstören. Aber Drogen allein erlauben einem nicht, die Welt anzuhalten. Dafür braucht man eine Alternativbeschreibung der Welt. Darum mußte Don Juan mich Zauberei lehren.

Keen: Es gibt eine gewöhnliche Realität, die wir westlichen Menschen als die einzig wahre annehmen, und dann gibt es die andere Realität des Zauberers. Was sind ihre grundlegenden Unterschiede?

Castaneda: In der europäischen Mitgliedschaft ist die Welt größtenteils aus dem konstruiert, was die Augen dem Verstand melden. In der Zauberei wird der ganze Körper als Wahrnehmungsorgan benutzt. Als Europäer sehen wir eine Welt da draußen und sprechen mit uns selbst darüber. Wir sind hier und die Welt ist dort. Unsere Augen füttern unseren Verstand, und wir haben keine direkte Kenntnis der Dinge. In der Zauberkunst ist diese Belastung der Augen unnötig. Wir wissen mit dem ganzen Körper.

Keen: Der westliche Mensch nimmt zuerst einmal an, daß Subjekt und Objekt getrennt sind. Wir sind von der Welt isoliert und müssen diese Trennung überbrücken. Für Don Juan und die Zaubertradition ist der Körper schon in der Welt. Wir sind mit der Welt vereint, nicht ihr entfremdet.

Castaneda: Das ist richtig. Die Zauberei hat eine andersartige Theorie der Verkörperung. Das Problem der Zauberei liegt darin, den Körper einzustellen und zu trainieren, um ihn zu einem guten Empfänger zu machen. Europäer befassen sich mit ihren Körpern, als wären es Objekte. Wir füllen sie mit Alkohol, schlechter Nahrung und Angst. Wenn etwas schiefgeht, glauben wir, Krankheitskeime seien von außen in den Körper eingedrungen, und so importieren wir Medizin, um zu heilen. Die Krankheit ist somit nicht Teil unserer selbt. Das glaubt Don Juan nicht. Für ihn ist Krankheit eine Disharmonie zwischen dem Menschen und seiner Welt. Der Körper ist etwas, dessen man gewahr sein muß, und er muß untadelig behandelt werden.

Keen: Das klingt wie Norman O. BROWNSs Vorstellung, daß Kinder, Schizophrene und die Menschen mit dem göttlichen Wahn des dionysischen Bewußtseins Dinge und andere Personen als Verlängerung ihres Körpers wahrnehmen. Don Juan schlägt etwas Ähnliches vor, wenn er sagt, der Mann des Wissens habe Lichtfasern, die seinen Solarplexus mit der Welt verbinden.

Castaneda: Mein Gespräch mit dem Kojoten ist eine gute Illustration der verschiedenen Verkörperungstheorien. Als er zu mir kam, sagte ich: „Hallo, kleiner Kojote, wie geht's?" Und er antwortete: „Gut, und wie geht's Dir?" Nun hörte ich diese Wort aber nicht auf normale Art und Weise. Aber mein Körper wußte, daß der Kojote etwas sagte, und ich übersetzte es in Dialogform. Als Intellektueller sind meine Beziehungen zum Dialog so profund, daß mein Körper automatisch das Gefühl, daß das Tier mit mir in Verbindung war, in Worte übertrug. Wir sehen immer das Unbekannte in bekannten Begriffen.

Keen: Wenn Sie in dieser magischen Bewußtseinshaltung sind, in der Kojoten sprechen, und alles leuchtet und zusammenpaßt, scheint es, daß die ganze Welt lebendig ist und die Menschen sich in einer Gemeinschaft befinden, die Tiere und Pflanzen einschließt. Wenn wir unsere arroganten Annahmen fallen ließen, daß wir die einzige Lebensform seien, die zu Verständnis und Kommunikation fähig ist, könnten wir auf einmal bemerken, daß alle Arten von Dingen mit uns sprechen.

John LILLY sprach mit Delphinen. Vielleicht kämen wir uns weniger entfremdet vor, wenn wir uns nicht für die einzige intelligente Lebensform hielten.

Castaneda: Wir könnten mit jedem Tier sprechen. Für Don Juan und die anderen Zauberer war mein Gespräch mit dem Kojoten nichts Ungewöhnliches. Tatsächlich meinten sie, ich hätte mir ein verläßlicheres Tier als Freund aussuchen sollen. Kojoten sind Be-

trüger und nicht vertrauenswürdig.
Keen: Welche Tiere eignen sich besser?
Castaneda: Schlangen sind tolle Freunde.
Keen: Ich hatte einmal ein Gespräch mit einer Schlange. Eines Nachts träumte ich, eine Schlange wäre auf dem Speicher eines Hauses, in dem ich als Kind gelebt hatte. Ich nahm einen Stock und versuchte sie zu töten. Am nächsten Morgen erzählte ich einer Freundin den Traum, die mich daran erinnerte, daß man Schlangen nicht töten solle, selbst wenn sie nur im Traum auf dem Speicher wären. Sie schlug vor, daß ich, sollte mir nächstes Mal wieder eine Schlange im Traum erscheinen, sie füttern oder irgendetwas tun sollte, um Freundschaft mit ihr zu schließen. Eine Stunde später fuhr ich mit einem Motorroller auf einer wenig befahrenen Straße, und da lag sie und wartete auf mich: eine vier Fuß lange Schlange, die sich sonnte. Ich fuhr neben sie, aber sie rührte sich nicht. Nachdem wir uns eine Weile angesehen hatten, beschloß ich, eine Geste zu machen, um ihr zu zeigen, wie leid es mir täte, ihren Bruder im Traum geschlagen zu haben. Ich berührte ihren Schwanz. Sie rollte sich zusammen und zeigte mir damit, daß ich etwas zu rasch vorgegangen war. Deshalb lehnte ich mich zurück und schaute sie nur an. Nach fünf Minuten schlängelte sie sich ins Gebüsch.
Castaneda: Sie haben sie nicht hochgehoben?
Keen: Nein.
Castaneda: Das war ein sehr guter Freund. Man kann lernen, Schlangen zu rufen. Sie spüren alles, unsere Aktivität und Gefühle. Aber man muß sehr gut in Form sein, ruhig und gesammelt – in freundlicher Stimmung, ohne Zweifel oder schwebende Geschäfte.
Keen: Meine Schlange lehrte mich, daß ich immer paranoide Gefühle gegenüber der Natur gehabt hatte. Ich hielt Tiere und Schlangen für gefährlich. Nach meiner Begegnung konnte ich keine Schlange mehr töten, und es erschien mir immer plausibler, daß wir möglicherweise in einer Art lebender Verbindung standen.

Unser Ökosystem könnte sehr gut Kommunikation zwischen verschiedenen Lebensformen beinhalten.
Castaneda: Don Juan hat dazu eine sehr interessante Theorie.

Pflanzen ebenso wie Tiere haben Einfluß auf uns. Er meint, wenn man sich nicht bei Pflanzen dafür entschuldigt, daß man sie pflückt, wird man möglicherweise krank werden oder einen Unfall haben.
Keen: Die amerikanischen Indianer hatten ähnliche Ansichten über die Tiere, die sie töteten. Wenn man sich nicht bei dem Tier dafür bedankt, daß es sein Leben geopfert hat, damit man selbst lebt, wird sein Geist viel Ärger verursachen.
Castaneda: Wir haben eine Gemeinsamkeit mit allem Leben. Es wird jedesmal etwas verändert, wenn wir vorsätzlich pflanzliches oder tierisches Leben verletzen. Wir nehmen ein Leben, um zu leben, aber wir müssen auch willens sein, unser Leben ohne Groll aufzugeben, wenn unsere Zeit gekommen ist. Wir sind so wichtig und nehmen uns so ernst, daß wir vergessen, daß die Welt ein großes Geheimnis ist, das uns etwas lehren kann, wenn wir nur zuhören.
Keen: Vielleicht löschen psychotrope Drogen zeitweilig das isolierte Ich aus und erlauben eine mystische Fusion mit der Natur. Die meisten Kulturen, die einen Sinn für die Gemeinschaft von Mensch und Natur bewahrt haben, machen zeremoniellen Gebrauch von psychedelischen Drogen. Hatten Sie Peyote genommen als Sie mit dem Kojoten sprachen?
Castaneda: Nein, gar nicht.
Keen: War diese Erfahrung intensiver als ähnliche Erfahrungen unter Einfluß von Don Juan's psychotropen Pflanzen?
Castaneda: Viel intensiver. Jedes Mal nach Einnahme psychotroper Pflanzen wußte ich, daß ich etwas eingenommen hatte, und ich konnte immer die Validität meiner Erfahrung in Frage stellen. Aber als der Kojote mit mir sprach, hatte ich keine Verteidigungsmöglichkeit. Ich konnte es nicht wegerklären. Ich hatte tatsächlich die Welt angehalten und war für kurze Zeit ganz außerhalb meines europäischen Systems der *glosses.*
Keen: Meinen Sie, daß Don Juan die ganze Zeit in diesem Bewußtseinszustand lebt?
Castaneda: Ja, er lebt in magischer Zeit und kommt gelegentlich in die gewöhnliche Zeit. Ich lebe in der gewöhnlichen Zeit und tauche manchmal in die magische ein.
Keen: Jeder, der so weit von den ausgetretenen Pfaden des Kon-

sensus wegreist, muß sehr einsam sein.
Castaneda: Ich glaube schon. Don Juan lebt in einer furchteinflößenden Welt, und er hat die Routine-Menschen weit zurückgelassen. Als ich einmal bei Don Juan und seinem Freund Don Genaro war, sah ich die Einsamkeit, die sie teilten, und ihre Traurigkeit, die Annehmlichkeiten und die Referenzen der normalen Gesellschaft zurücklassen zu müssen. Ich glaube, Don Juan macht aus seiner Einsamkeit eine Kunst.

Er hält und kontrolliert die Macht, das Wunder und die Einsamkeit, und er wandelt sie zur Kunst um.

Seine Kunst ist die metaphysische Art, in der er lebt. Darum haben seine Lehren eine so dramatische Färbung und Einheit. Er konstruiert vorsätzlich sein Leben und seine Lehrweise.
Keen: Als Don Juan Sie z.B. zur Jagd in die Berge mitnahm, inszenierte er da bewußt eine Allegorie?
Castaneda: Ja. Er war nicht daran interessiert, aus Sport oder um des Fleisches willen zu jagen. In den zehn Jahren, in denen ich Don Juan kenne, tötete er meines Wissens nur vier Tiere, und auch nur dann, wenn er sah, daß ihr Tod ein Geschenk für ihn bedeutete so wie eines Tages sein Tod für irgendetwas ein Geschenk sein würde. Einmal fingen wir ein Kaninchen in einer Falle, die wir aufgestellt hatten, und Don Juan meinte, ich solle es töten, da seine Zeit um sei. Ich war verzweifelt, da ich das Gefühl hatte, dieses Kaninchen zu sein. Ich versuchte, es zu befreien, konnte aber die Falle nicht öffnen. Deshalb trat ich auf die Falle und brach aus Versehen das Genick des Kaninchens. Don Juan hatte versucht, mir beizubringen, daß ich die Verantwortung für meine Existenz in dieser wundervollen Welt auf mich nehmen müßte. Er lehnte sich zu mir und flüsterte mir ins Ohr: „Ich sagte Dir doch, daß dieses Kaninchen keine Zeit mehr habe, in dieser schönen Wüste herumzuspringen." Er schuf diese Metapher bewußt, um mich die Wege des Kriegers zu lehren. Der Krieger ist ein Mann, der jagt und persönliche Macht sammelt. Daher muß er Geduld und Willen entwickeln und entschlossen durch die Welt gehen. Don Juan benutzte die dramatische Situation einer richtigen Jagd, um mich zu lehren, weil er sich an meinen Körper wandte.
Keen: In Ihrem jüngsten Buch Reise nach Ixtlan *kehren Sie den*

Eindruck ins Gegenteil, den Sie in Ihren ersten beiden Büchern gegeben haben, nämlich daß der Gebrauch psychotroper Pflanzen die Hauptmethode sei, die Don Juan benutzen wollte, um Ihnen Zauberkunst zu lehren. Wie verstehen Sie die Stellung psychotroper Pflanzen in seinen Lehren?

Castaneda: Don Juan benutzte psychotrope Pflanzen nur in der mittleren Periode meiner Lehrzeit, weil ich so dumm, intellektuell und eingebildet war. Ich klammerte mich an meine Weltbeschreibung, als ob sie die einzige Wahrheit wäre. Psychotrope Pflanzen schufen eine Lücke in meinem System von *glosses.* Sie zerstörten meine dogmatische Sicherheit. Aber ich zahlte einen ungeheuren Preis. Als der Leim, der meine Welt zusammenhielt, sich auflöste, war mein Körper geschwächt und brauchte Monate, sich zu erholen. Ich war beklemmt und funktionierte nur auf sehr niederem Niveau.

Keen: Benutzt Don Juan psychotrope Drogen regelmäßig, um die Welt anzuhalten?

Castaneda: Nein. Er kann sie jetzt anhalten, wann er will. Er sagte mir, daß für mich der Versuch, ohne psychotrope Pflanzen zu sehen, nutzlos sei. Aber wenn ich mich wie ein Krieger betrüge und Verantwortung übernähme, würde ich sie nicht brauchen; sie würden nur meinen Körper schwächen.

Keen: Das wird für viele Ihrer Bewunderer ein ganz schöner Schock sein. Sie sind so etwas wie der Schutzpatron der psychedelischen Revolution.

Castaneda: Ich habe eine Gefolgschaft und sie hat einige seltsame Vorstellungen von mir. Ich ging neulich zu einer Vorlesung, die ich an der *California State University* in Long Beach halten sollte, als ein Junge, der mich kannte, sein Mädchen mit den Worten auf mich hinwies: „Heh, das ist CASTANEDA." Sie glaubte ihm nicht, da sie die Vorstellung hatte, ich müßte sehr mystisch sein. Ein Freund hat einige der Geschichten, die über mich zirkulieren, gesammelt. Der Konsensus geht dahin, daß ich mystische Füße habe.

Keen: Mystische Füße?

Castaneda: Ja, ich gehe barfuß wie Jesus und habe keine Hornhaut. Ich bin angeblich ständig *high*. Auch habe ich Selbstmord verübt und bin an verschiedenen Orten gestorben.

Eine meiner College-Klassen schnappte beinahe über, als ich über Phänomenologie und Mitgliedschaft, Perzeptionserforschung und Sozialisation sprach. Sie wollten gesagt bekommen: „Entspannt Euch, und geht auf einen Trip." Aber für mich ist das Verstehen wichtig.

Keen: Gerüchte wuchern natürlich in einem Informationsvakuum. Wir wissen zwar etwas über Don Juan, aber zu wenig über CASTANEDA.

Castaneda: Das ist ein wohlbedachter Teil im Leben eines Kriegers. Um in verschiedene Welten hinein- und wieder hinausschlüpfen zu können, muß man unauffällig bleiben. Je mehr man bekannt und identifiziert wird, desto mehr ist man in seiner Freiheit eingeschränkt. Sobald die Menschen definitive Vorstellungen über Dich und Deine Handlungsweisen haben, kannst Du Dich nicht mehr bewegen. Eines der ersten Dinge, die Don Juan mich lehrte, war, meine persönliche Geschichte auszulöschen. Wenn man allmählich Nebel um sich geschaffen hat, wird man nicht mehr als selbstverständlich hingenommen, und man hat mehr Zeit für Sicherungen. Darum vermeide ich bei meinen Vorlesungen Tonbandaufnahmen und Photographien.

Keen: Vielleicht können wir persönlich sein, ohne historisch zu werden. Sie verkleinern jetzt die Wichtigkeit der psychedelischen Erfahrungen, die mit Ihrer Lehrzeit verbunden sind. Und Sie scheinen auch nicht herumzulaufen und die gängigen Zaubertricks zu machen, die Sie beschrieben haben. Welche Elemente der Lehren Don Juans sind für Sie wichtig? Wie werden Sie dadurch verändert?

Castaneda: Die Ideen, ein Krieger und ein Mann des Wissens zu sein mit der möglichen Hoffnung darauf, die Welt anzuhalten und zu sehen, waren für mich sehr anwendbar. Sie haben mir Frieden und das Vertrauen in meine Fähigkeit, mein Leben zu kontrollieren, gegeben. Als ich Don Juan traf, hatte ich wenig persönliche Kraft. Ich war einen weiten Weg von meinem Geburtsort in Brasilien gekommen. Nach außen hin war ich aggressiv und arrogant, aber innerlich unentschlossen und unsicher. Ich erfand dauernd Entschuldigungen für mein Verhalten. Don Juan beschuldigte mich einmal, ein professionelles Kind zu sein, da ich so voller Selbstmitleid war. Ich fühlte mich wie ein Blatt

im Wind. Wie die meisten Intellektuellen stand ich mit dem Rücken zur Wand. Ich konnte nicht weitergehen. Ich konnte keine Lebensweise sehen, die mich wirklich begeistert hätte. Ich dachte, alles was ich tun könnte, wäre der Versuch der reifen Anpassung an ein Leben in Langeweile oder die Suche nach komplexeren Formen der Unterhaltung wie den Gebrauch psychedelischer Drogen, Haschisch und sexueller Abenteuer. Das alles war eine Folge meiner Gewohnheit der Selbstbeobachtung. Ich schaute immer nach innen und sprach mit mir. Der innere Dialog verstummte selten. Don Juan brachte mich dazu, nach außen zu blicken und die Großartigkeit der Welt zu sehen und zu lernen, wie man persönliche Macht sammelt. Ich glaube, es gibt keine andere Lebensweise, um aus dem Vollen zu schöpfen.
Keen: Er hat Sie auch einmal mit dem alten Philosophentrick geangelt, sich den Tod vor Augen zu halten. Ich war von dem Klassischen an Don Juans Einstellung beeindruckt. Ich hörte Echos von PLATOs Idee, daß ein Philosoph den Tod studieren muß, bevor er Zugang zur wirklichen Welt finden kann, und von Martin HEIDEGGERs Definition des Menschen als ein dem Tod zutreibendes Wesen.
Castaneda: Ja, aber Don Juans Einstellung hat einen bestimmten Dreh, weil sie aus der Tradition der Zauberkunst resultiert, in der der Tod eine physische Gegenwart ist, die gefühlt und gesehen werden kann. Eine der *glosses* der Zauberkunst sagt: „Der Tod steht Dir zur Linken." Der Tod ist ein unparteiischer Richter, der Dir die Wahrheit sagen und Dir genaue Ratschläge geben wird. Der Tod braucht sich schließlich nicht zu beeilen. Er kriegt Dich, morgen, nächste Woche oder in 50 Jahren. Ihm ist das gleich. Sobald man sich erinnert, daß man sterben muß, nimmt man normale Proportionen an.

Ich glaube, ich habe diesen Gedanken nicht lebhaft genug dargestellt. „Der Tod zu Deiner Linken" ist in der Zauberkunst keine intellektuelle Angelegenheit. Es ist eine sinnliche Wahrnehmung. Wenn der Körper richtig auf die Welt eingetrimmt ist und man nach links blickt, wird man Zeuge eines außerordentlichen Ereignisses, nämlich der schattenhaften Gegenwart des Todes.
Keen: In der Tradition des Existentialismus folgen auf Diskus-

sionen über den Tod Diskussionen über die Verantwortlichkeit.

Castaneda: Dann ist Don Juan ein guter Existentialist. Wenn ich nicht mehr weiß, ob mir noch eine Minute zu leben bleibt, muß ich leben, als ob es mein letzter Augenblick sei. Jede Handlung ist des Kriegers letzte Schlacht. Deshalb muß alles untadelig getan werden. Nichts darf in der Schwebe bleiben. Dieser Gedanke war eine Befreiung für mich. Bei mir bleibt nichts mehr offen: nichts wartet auf mich. Hier spreche ich mit Ihnen, und vielleicht kehre ich nie wieder nach Los Angeles zurück. Aber das wäre egal, da ich alles erledigt habe, bevor ich kam.

Keen: Diese Welt des Todes und der Entschlossenheit ist weit entfernt von psychedelischen Utopien, wo die Vision die tragische Qualität der freien Wahl zerstört.

Castaneda: Wenn der Tod Dir zur Linken steht, mußt Du Dir Deine Welt in einer Serie von Entscheidungen schaffen. Es gibt keine großen oder kleinen Entscheidungen, nur jetzt zu treffende Entscheidungen.

Und es bleibt keine Zeit für Zweifel oder Gewissensbisse. Wenn ich meine Zeit in Reue darüber verbringe, was ich gestern getan habe, vermeide ich die Entscheidungen, die ich heute zu treffen habe.

Keen: Wie konnte Don Juan Ihnen Entschlossenheit beibringen?

Castaneda: Er sprach durch seine Handlungen zu meinem Körper. Früher ließ ich alles in der Schwebe und beschloß nie etwas. Für mich waren Entscheidungen etwas Häßliches. Es schien einem empfindsamen Menschen gegenüber unfair, Entscheidungen zu verlangen. Eines Tages fragte mich Don Juan: „Glauben Sie, daß wir gleichgestellt sind?" Ich war Universitätsstudent und Intellektueller, und der war ein alter Indianer, doch ließ ich mich herab zu sagen: „Aber natürlich". Er antwortete: „Das glaube ich nicht, ich bin ein Jäger und Krieger, Sie sind ein Zuhälter. Ich kann mein Leben jederzeit zusammenzählen. Ihre schwächliche Welt der Unentschlossenheit und Traurigkeit gleicht meiner nicht." Nun, ich war sehr beleidigt und wäre auch weggegangen, aber wir befanden uns mitten in der Wildnis. So setzte ich mich und fing mich in der Beschäftigung mit meinem Ich. Ich wollte warten, bis er beschließen würde heimzugehen. Nach

vielen Stunden sah ich, daß Don Juan für immer dort bleiben würde, wenn er müßte. Warum auch nicht? Das ist die Kraft des Mannes, der keine Geschäfte in der Schwebe hat. Endlich wurde mir klar, daß dieser Mann nicht wie mein Vater war, der 20 gute Vorsätze an Neujahr zu fassen pflegte und sie dann alle für nichtig erklärte. Don Juans Entschlüsse waren unwiderruflich, was ihn anging. Sie könnten nur durch andere Entschlüsse gelöscht werden. Darum ging ich zu ihm und berührte ihn; er stand auf und wir gingen nach Hause. Der Eindruck, den diese Handlung hinterließ, war enorm. Er überzeugte mich, daß die Lebensart des Kriegers lebensbejahend und machtvoll ist.
Keen: Also nicht der Inhalt der Entscheidung ist wichtig, sondern eher die Handlung des Sich-Entscheidens.
Castaneda: Das meint Don Juan mit ,,Geste''. Eine Geste ist eine überlegte Handlung, die um der Kraft willen unternommen wird, die aus dem Fällen einer Entscheidung entspringt. Wenn z.B. ein Krieger eine Schlange fände, die steif und kalt ist, würde er sich anstrengen, einen Weg zu finden, um die Schlange ins Warme zu bringen, ohne gebissen zu werden. Der Krieger würde die Geste bloß um ihrer selbst willen ausführen, das aber perfekt.
Keen: Es scheint viele Parallelen zwischen dem Existentialismus und den Lehren Don Juans zu geben. Was Sie über Entscheidung und Geste gesagt haben, läuft darauf hinaus, daß Don Juan wie NIETZSCHE oder SARTRE glaubt, daß mehr der Wille als die Vernunft die grundlegende Fähigkeit des Menschen ist.
Castaneda: Ich glaube, das stimmt. Lassen Sie mich einmal für mich sprechen. Was ich tun möchte – und vielleicht wird es mir gelingen – ist, die Kontrolle von meiner Vernunft wegzunehmen. Mein Leben lang hat mein Verstand die Herrschaft innegehabt und eher würde er mich umbringen, als seinen Griff zu lockern. Zu einem Zeitpunkt meiner Lehrzeit war ich tief deprimiert. Ich wurde von Entsetzen, Trübsinn und Selbstmordgedanken überwältigt. Dann warnte mich Don Juan; daß dies nur ein Trick der Vernunft sei, um die Kontrolle zu behalten. Er erklärte, daß die Vernunft meinem Körper das Gefühl eingab, das Leben wäre sinnlos. Nachdem mein Verstand diese letzte Schlacht geführt und verloren hatte, begann die Vernunft den ihr gebührenden Platz als Werkzeug des Körpers einzunehmen.

Keen: „Das Herz hat seine Vernunft, von der die Vernunft selbst nichts weiß", genau wie der übrige Körper.

Castaneda: Das ist das Entscheidende. Der Körper hat seinen eigenen Willen. Oder besser noch, der Wille ist die Stimme des Körpers. Darum brachte Don Juan seine Lehren auch durchgängig in dramatische Form. Mein Intellekt konnte leicht seine Zauberkunst als Unsinn abtun. Aber mein Körper wurde zu seiner Welt und Lebensweise hingezogen. Und sobald der Körper die Macht übernahm, wurde eine neue und gesündere Herrschaft errichtet.

Keen: Don Juans Techniken, Träume zu behandeln, interessierten mich, da sie die Möglichkeit einer Willenskontrolle von Traumbildern vorschlagen. Er scheint die Einrichtungen eines permanenten, festen Observatoriums in der inneren Welt vorzuschlagen. Erzählen Sie mir etwas über Don Juans Traumtraining.

Castaneda: Der Trick beim Träumen besteht darin, Traumbilder lange genug zu erhalten, um sie sorgfältig zu betrachten. Zur Erlangung dieser Art von Kontrolle muß man sich etwas im vorhinein aussuchen und dann lernen, es im Traum wiederzufinden. Auf Don Juans Vorschlag hin versuchte ich, meine Hände als Fixpunkt zu nehmen und zwischen ihnen und den Bildern hin- und herzugehen. Nach einigen Monaten lernte ich, meine Hände zu finden und den Traum anzuhalten. Ich wurde so fasziniert von dieser Methode, daß ich es kaum erwarten konnte, einzuschlafen.

Keen: Ist das Anhalten von Traumbildern so etwas wie das Anhalten der Welt?

Castaneda: Es ist etwas Ähnliches, aber es gibt Unterschiede. Wenn man fähig ist, seine Hände willentlich zu finden, wird man erkennen, daß es nur eine Technik ist. Was man aber wirklich sucht, ist Kontrolle. Ein Mann des Wissens muß persönliche Macht ansammeln. Aber das genügt nicht, um die Welt anzuhalten. Selbstaufgabe ist auch nötig. Man muß das Geplapper in sich selbst zum Schweigen bringen und sich der Außenwelt ergeben.

Keen: Welche der vielen Methoden, die Don Juan Ihnen beigebracht hat, um die Welt anzuhalten, praktizieren Sie noch?

Castaneda: Meine Hauptdisziplin ist die Unterbrechung der Routine. Ich war immer ein sehr regelmäßiger Mensch. Ich aß und schlief nach Stundenplan. 1965 begann ich, meine Gewohnheiten zu ändern. Ich schrieb in den stillen Nachtstunden und aß, wenn ich das Bedürfnis verspürte. Ich habe jetzt so viele meiner gewöhnlichen Handlungsweisen abgebaut, daß ich über kurz oder lang sogar mir selbst unberechenbar und überraschend vorkommen werde.

Keen: Ihre Disziplin erinnert mich an die Zen-Geschichte, wo zwei Jünger mit Wunderkräften prahlen. Ein Jünger erklärte, daß der Gründer seiner Sekte, auf der einen Seite eines Flusses stehend, den Namen Buddhas auf ein Blatt Papier schreiben konnte, das sein Helfer auf der anderen Flußseite hielt. Der zweite Jünger entgegnete, solch ein Wunder sei nicht eindrucksvoll, und sagte: „Mein Wunder ist folgendes: Wenn ich mich hungrig fühle, esse ich, und wenn ich mich durstig fühle, trinke ich."

Castaneda: Dieses Element von Weltengagement hielt mich auf den Pfaden, die Don Juan mir zeigte. Man braucht die Welt nicht zu transzendieren. Alles Wissenswerte liegt dicht vor uns, wenn wir aufpassen. Wenn man den Zustand nicht-gewöhnlicher Realität betritt, wie das nach Einnahme psychotroper Pflanzen der Fall ist, geschieht es nur zu dem Zweck, alles herauszuziehen, was man braucht, um den wundersamen Charakter der gewöhnlichen Realität zu erkennen. Meine Lebensweise – ein Weg mit dem Herzen – besteht nicht aus Introspektion und mystischer Transzendenz, sondern Gegenwart in der Welt. Diese Welt ist das Jagdrevier des Kriegers.

Keen: Nach Ihrer und Don Juans Darstellung ist die Welt voller magischer Kojoten, verzauberter Krähen und einer schönen Zauberin. Man kann sich leicht vorstellen, daß Sie das fesselt. Aber wie steht es mit der Welt des normalen Stadtbewohners? Wo bleibt da die Magie? Könnten wir alle in den Bergen leben, hielten wir Wunder möglicherweise lebendig. Aber wie ist das möglich, wenn wir nur eine halbe Meile von der Autobahn entfernt leben?

Castaneda: Ich stellte Don Juan einmal dieselbe Frage. Wir saßen in einem Cafe in Yuma, und ich schlug vor, daß ich vielleicht lernen könnte, die Welt anzuhalten und zu sehen, wenn ich mit

ihm in der Wildnis leben könnte. Er sah aus dem Fenster auf die vorüberfahrenden Autos und sagte: „Das da draußen ist Ihre Welt. Sie können sie nicht ablehnen. Sie sind ein Jäger jener Welt." Ich wohne jetzt in Los Angeles und finde, daß ich diese Welt für meine Bedürfnisse benutzen kann. Es ist eine Herausforderung, ohne feste Routine in einer routinierten Welt zu leben. Aber man kann es schaffen.
Keen: Das Lärmniveau und der ständige Druck der Menschenmassen scheinen die Ruhe und Einsamkeit zu zerstören, die doch beim Anhalten der Welt unerläßlich sind.
Castaneda: Überhaupt nicht. Tatsächlich kann man Lärm ja verwenden. Man kann das Summen der Autobahn dazu verwenden, sich selbst zu lehren, wie man der Außenwelt zuhört. Wenn wir die Welt anhalten, ist es immer die, die wir gewöhnlich durch unseren dauernden inneren Dialog aufrechterhalten. Wenn man erst einmal mit dem inneren Geschwätz aufhört, beendet man auch die Aufrechterhaltung der alten Welt. Die Beschreibungen brechen zusammen. Damit beginnt die Persönlichkeitsumwandlung. Wenn man sich auf Klänge konzentriert, merkt man, wie schwierig es für das Gehör ist, alle Klänge zu kategorisieren, und in kurzer Zeit hört man mit dem Versuch auf. Das ist anders als die visuelle Wahrnehmung, durch die wir dauernd Kategorien formen und denken. Es ist so entspannend, das Reden, Kategorisieren und Beurteilen einfach abzustellen.
Keen: Die innere Welt ändert sich, aber wie steht es mit der äußeren Welt? Wir können vielleicht individuelles Bewußtsein revolutionieren, aber dennoch nicht an den sozialen Strukturen rühren, die unsere Entfremdung bewirken. Gibt es in Ihrer Gedankenwelt einen Platz für soziale und politische Reformen?
Castaneda: Ich kam aus Latein-Amerika, wo Intellektuelle dauernd von politischer und sozialer Revolution redeten, und wo viele Bomben geworfen wurden. Aber Revolution hat nicht viel geändert. Man braucht wenig Wagemut, um ein Gebäude zu bombadieren, aber um das Rauchen aufzugeben, um seine innere Angst zu bekämpfen oder um das innere Geschwätz zu beenden, muß man sich selbst neu formen. Hier beginnt die wirkliche Reform.

Vor nicht allzu langer Zeit waren Don Juan und ich in Tucson, wo sie die „Woche der Erde" abhielten. Irgendjemand hielt eine Vorlesung über Ökologie und die Übel des Vietnam-Krieges, während er die ganze Zeit rauchte. Don Juan sagte: „Ich kann mir nicht vorstellen, daß er sich um die Körper anderer Leute kümmert, wenn er nicht mal seinen eigenen Körper mag." Unsere erste Sorge sollte sich um uns selbst drehen. Ich kann meine Mitmenschen nur mögen, wenn ich auf der Höhe meiner Lebenskraft und nicht deprimiert bin. Um zu dieser Kondition zu gelangen, muß ich meinen Körper trainieren. Jegliche Revolution muß in diesem Körper ihren Ausgang nehmen. Ich kann meine Kultur nur aus diesem Körper heraus ändern, der auf diese seltsame Weise untadelig eingestimmt ist. Für mich ist die wirkliche Leistung die Kunst, ein Krieger zu sein. Das ist, wie Don Juan sagt, die einzige Möglichkeit, einen Ausgleich zu finden zwischen dem Schrecken und dem Wunder, ein Mensch zu sein.

Hellmut Coerper

AUF DEN SPUREN CASTANEDAS

Vergleichende Überlegungen zu Carlos Castaneda

Einführung

Es ist kein Geheimnis: Die Bücher von Carlos Castaneda haben sich rasch in der westlichen Welt verbreitet. Man könnte schon von einer "Castaneda-Gemeinde" reden, wie es bei den fanatischen Anhängern des Zen-Buddhismus die "Sekte" derer gibt, die sich für "Satorianer" halten, die also von sich behaupten, die Erleuchtung des Satori gefunden zu haben.

Nun ist es ja nachgewiesener Maßen für uns Abendländer gar nicht so leicht, bis zu den Stufen des "Wissens" vorzudringen, von denen die Asiaten und Indianer zu reden vermögen. Bisher sind mir denn auch kaum Kenner Castanedas begegnet, die in mir den Eindruck erweckt hätten, seine Berichte von seiner Zauberlehre wirklich "verstanden" zu haben und zum "Krieger" geworden zu sein.

Auch ich will von mir nicht behaupten, bisher den Status eines Kriegers schon erreicht zu haben, doch glaube ich, einen Teil der Mitteilungen Castanedas gleichsam "im Bauch" gefühlt zu haben. Übrigens habe ich den Eindruck, daß auch Jürgen Kremer (Seite 110 ff) eine Menge von dem, was an Castaneda bewegt, erfühlt hat.

Dagegen glauben viele junge Leute aus der Drogenszene, in Castaneda ihren Apostel gefunden zu haben, der ihnen bestätigt, was sie gerne wahr haben möchten:

Daß nämlich der Umgang mit Drogen überhaupt, also auch in der Weise, wie das bei uns zu Lande üblich ist, zu einer Erweiterung des Bewußtseins führen könne. Diese jungen Leute lasen meist nur den ersten Band des Gesamtwerkes, in dem tatsächlich dieser Eindruck entstehen kann. Bei diesen Menschen kann ich nicht sehen, daß sie sich um den Weg mit Herz, der zum Wissen und zur Ganzheit des Selbst führt, bemühen würden. Keinen von ihnen sah ich versuchen, als "Krieger" zu leben. Es ist mir auch nicht bekannt, daß sie versucht hätten, wirkliche Rituale zu schaffen, mit deren Hilfe sie der Begegnung mit ihrem

Unbewußten und den Mächten, die in den Drogen enthalten sind, hätten standhalten können. Darum landen sie meist in der Abhängigkeit, während Juan Matus die Droge doch gerade benutzt, um Carlos Castaneda aus seinen Abhängigkeiten zu befreien.

Es sind mir auch andere Menschen begegnet, nämlich solche, die derart betroffen und verängstigt auf die Begegnung mit dem Wissen des Schamanen reagierten, daß sie zu ihrem eigenen Schutz Castaneda rundweg ablehnen mußten und versuchen mußten ihr Betroffensein wegzurationalisieren. Das gelingt meist sehr schlecht! Wäre es anders, sie brauchten nicht mehr darüber zu reden. Was sie erschreckte, war der Zusammenprall mit dem Unbewußten, von dem C.G. Jung in seinen Erinnerungen (S.11) berichtet.

Auch mich hat Castaneda zunächst fasziniert, so daß ich versuchte, ihn loszuwerden. Umsonst! Es blieb mir nichts anderes übrig, als mich mit ihm und dem von ihm überlieferten Wissen der indianischen Schamanen auseinanderzusetzen.

Eine große Hilfe war dabei für mich, daß ich zunächst erahnte, dann aber erkannte, daß es sehr auffallende Parallelen zwischen den Inhalten der Erklärung der Zauberer und der Analytischen Psychologie C.G. Jungs einerseits und dem Christentum und anderen Religionen andrerseits gab.

Diese Erkenntnis wurde mir darum zur Hilfe, weil das zunächst völlig unbekannt Erscheinende als meinem Wissen und Fühlen verwandt erkennbar wurde. Hatte mir das Studium der Analytischen Psychologie schon einen neuen, tieferen Zugang zum christlichen Glauben eröffnet, so eröffneten mir nun Jungs Gedanken den Zugang zum indianischen Schamanismus.

Insbesondere der Bereich dessen, was in der Analytischen Psychologie als Aktive Imagination bekannt ist, ermöglicht den Zugang zu den Träumen und Visionen der Indianer, die bei diesen eine so große Bedeutung haben.

Während ich eine umfangreichere Gesamtkonzeption dieser vergleichenden Untersuchungen als Manuskript feriggestellt und zur Veröffentlichung frei gegeben habe, will ich im Folgenden für den vorliegenden Sammelband versuchen, einen kurzen Abriß meiner Auffassungen anzubieten, der freilich keinerlei Anspruch auf Vollständigkeit erheben, sondern lediglich Denkanstöße vermitteln kann.

Es sei mir aber erlaubt, um die Parallelität besser sichtbar zu machen, etwas weiter auszuholen.

Die Historizität des Don Juan Matus

Irgendwann wird jedem, der sich mit dem Werk Castanedas befaßt, das Gerücht begegnen, Don Juan habe nie gelebt, er sei vielmehr eine Erfindung der Phantasie des Autors, der sich die ganze Geschichte aus den Fingern gesogen habe. Welch glückliche Finger! Mir scheint sich in diesem Gerücht ein massiver Widerstand gegen die Begegnung mit den Inhalten des Unbewußten, also mit der anderen, rational nicht faßbaren Seite des Menschseins auszudrücken.

Hierzu gibt es eine interessante Parallele:

DER HISTORISCHE JESUS UND DER GLAUBE AN DEN CHRISTUS

Bekanntlich ist die gleiche Frage im Bereich des christlichen Glaubens auch aufgetaucht und viele Theologen verwandten viel Energie, Intelligenz und Arbeit daran, die Historizität Jesu in der sog. "Leben-Jesu-Forschung" nachzuweisen.

Mit fortschreitender Naturerkenntnis nämlich hatte sich zunächst der Rationalismus entwickelt, der sich bald zum naturwissenschaftlichen Positivismus auswuchs und in die uns heute noch bekannte Wissenschaftsgläubigkeit führte. Man glaubte, alle Rätsel der Welt und des Lebens rational und naturwissenschaftlich lösen zu können. Folgerichtig wurden irrationale Einflüsse und Realitäten für das menschliche Leben und die Welterkenntnis des Menschen ignoriert und als "Aberglaube" abgetan.

Diesem Anspruch der Naturwissenschaften widersetzten sich die Geisteswissenschaften kaum. Vielmehr versuchten sie auf ihre Weise alles, was die Geistigkeit des Menschen ausmacht, ebenfalls zu rationalisieren, was für den Bereich der Religion nur bedeuten konnte, alle religiösen Phänomene entweder historisch zu verstehen oder als Legendenbildung abzutun. Man wollte also – auf den Bereich des Christentums bezogen – nichts mehr der Wirkung der göttlichen Trinität zuschreiben, sondern nur noch “für-wahr-halten”, was mit der rationalen Wirklichkeit wirklich oder auch nur scheinbar in Übereinstimmung gebracht werden konnte.

So versuchte man denn auch, die Gestalt Jesu zumindest als geschichtliche Person faßbar zu machen und seine historische Existenz zu beweisen. Das so ermittelte, sehr fragwürdige Bild des historischen Jesus, das sich aus den wenigen und undeutlichen Andeutungen in außerbiblischen Quellen herstelllen ließ, reizte kaum zum Glauben:

Eine etwas armselige Gestalt, die sicher nichts hätte in Bewegung setzen können!

Jesus aber hat in Bewegung gesetzt und zwei Jahrtausende nicht unwesentlich beeinflußt. Das ist das Geheimnis!

Im Bereich der Dialektischen Theologie der Zeit nach dem ersten Weltkrieg wurde das verstanden. Vor allem Rudolf Bultmann und Ernst Tillich versuchten deutlich zu machen, daß es für den Raum der Religion und ihrer Realität keineswegs auf rationale Beweisbarkeit ankommen kann, denn wenn es um die letzten Fragen des Menschseins geht, kann es nur um die je eigene Erfahrung mit der Transzendenz gehen.

Nicht das, was andere sagen, kann für mich letzte Priorität beanspruchen, sondern mein je eigenes Betroffensein in der Tiefe meiner Seele entscheidet über mein Leben und meinen Tod. Dort nämlich formt sich die Gewißheit des Glaubens!

Gegen eben diese beunruhigende und umtreibende Glaubenserfahrung, die rational weder zu begründen, noch mitzuteilen ist, richtet sich die Frage danach, ob denn Jesus überhaupt gelebt habe. Was würde es schon für die Wirksamkeit dieses Jesus durch zwei Jahrtausende bedeuten, wenn es ihn historisch nie gegeben hätte? Die Wirkung bleibt die gleiche und ist nicht wegzudiskutieren.

Im Grunde geht es hier um die gleiche Ignoranz, mit der Menschen sich mit der Oberflächlichkeit des Sprichwortes: “Träume sind Schäume!” um das Betroffensein von Trauminhalten drücken wollen. Was eigentlich ist an einem Traum irreal, der mich in Angstschweiß oder zum Ausstoßen eines Angstschreies veranlassen kann? Die Angst ist doch ganz real.

Es geht also in dem Ruf nach Historizität um die Abwehr der

inneren Erfahrung "einer anderen Wirklichkeit" und deren Wirkungsmächtigkeit.

Dieser Widerstand des rationalen Menschen oder des "ersten Ringes der Kraft" begegnet uns ja auch bei Carlos Castaneda. Diesem Widerstand des ersten Ringes der Kraft gegen die Erfahrung des zweiten Ringes der Kraft sind wohl jene erlegen, die die Erfahrungen des Carlos Castaneda so rundweg und voreilig zurückweisen. Sie haben Angst davor, von dem Leben, das sie im Augenblick leben, etwas zu opfern um der Endziele der Erkenntnis willen, nämlich der Erkenntnis dessen, was der Sinn und die Aufgabe und die Erfüllung unseres Lebens überhaupt sei.

URSACHEN DER ABWEHR

Dieser Widerstand hat bei uns Abendländern sicher mehrere Ursachen:

(1) Über Jahrhunderte ist der Abendländer jener zunehmenden Rationalisierung ausgesetzt, von der wir sprachen, durch die – das liegt in der Natur dieser Sache – alle irrationalen Einflüsse als "unglaubhaft", weil eben nicht rationalisierbar, zurückgewiesen werden mußten, um nicht durch die mit ihnen verbundenen Zweifel an der "Machbarkeit" einer Sache schon den Versuch aufzugeben, sie anzupacken. (Man denke daran, wie lange man davon ausging, es gäbe objektive Versuchsanordnungen, mit deren Hilfe die Subjektivität des Forschers ausgeschlossen werden könnte!) Die Auswüchse von Technologie und Industrialisierung, wie sie sich in der heute sichtbar werdenden Zerstörung der Lebensgrundlagen der Menschheit zeigen, sind Folgen dieser hybriden Einseitigkeit und treiben in unserer Zeit auf den Punkt zu, an dem alle Wissenschaft darin ad absurdum geführt wird, daß der in Jahrmillionen erreichte Kosmos des Lebens in das ursprüngliche Chaos zurückverwandelt wird.

(2) Diese Übersteigerung der rationalen Möglichkeiten des Menschen führte zugleich zu einer Verkümmerung seines Instinktbereiches, der mit der Körpererfahrung verbunden ist. Wir lernten, uns im rationalisierbaren Raum einzurichten.

Was das aktuell bedeutet, zeigt sich in dem rapiden Anwachsen der physischen und psychischen Erkrankungen, unter denen neurotische, psychotische und psychosomatische Krankheitsbilder an der Spitze liegen, sowie an dem enormen Bedarf an Ärzten, Krankenhäusern etc., während die ersten Weißen aus Amerika berichten, daß die Indianer kaum Krankheiten kennen.

Die Diesseitigkeit wird bei uns offenbar als das wesentliche Leben überbewertet, in der nur der Erfolg zählt. Die Fixierung darauf führt in den psychischen Streß und damit in die Krankheit.

(3) Wer so zu leben gezwungen ist, weil ihm diese Lebensweise als die einzig mögliche beschrieben wurde, wird von der Begegnung mit den nicht rationalisierbaren Erscheinungen verunsichert, geängstigt oder gar zu Tode erschreckt.

Was Wunder, wenn man sich schnell in einen "Vogel Strauß" verwandelt, den Kopf in den Sand steckt und sich einredet, daß es die Dinge, die einen gerade ängstigten, gar nicht gebe. "Das war ja nur . . ." ist die uns geläufige Abwehr.

Genau so erging es Carlos, als ihn ein Tier ängstigte, bis er erleichtert feststellte, es habe sich doch 'nur' um einen toten Ast gehandelt.

"Ich weigerte mich, zu glauben, was ich sah!" resümiert er.

Juan macht ihn darauf aufmerksam, daß Carlos eine Begegnung mit der Kraft verschwendet habe.

Solange wir positivistisch alles verleugnen, was unser Kopf nicht erklären kann, ignorieren wir unsere andere Seite, die sich nur durch den Körper bemerkbar und erfahrbar macht. So sind und bleiben wir unvollständig! Denn wo nur eine Seite bekannt ist und gelebt wird, die andere aber unbekannt ist und dort belassen wird, kann man sich ja unmöglich als vollständig fühlen. Diese Unvollständigkeit äußert sich bei uns vorzüglich in der Abwehr unseres Körpers und der Natur, mit der wir durch ihn verbunden sind.

DIE SEHNSUCHT NACH DER GANZHEIT

Und doch ist all' dies nicht stark genug, um die innerste Sehnsucht nach Vollständigkeit und die aus der vorgeburtlichen Zeit verbliebene Ahnung von der anderen Seite gänzlich abzutöten.

> "Der Mensch in seinem dunklen Drang ist sich des rechten Weges wohl bewußt."
> Goethe, Faust

Wir ahnen, daß das Leben mehr ist als der Wohlstand als Ergebnis der Technologie. Die Frage nach Lebenssin und -freude, der Wunsch nach dem Gefühl von Eins-Sein mit sich selbst und mit dem All des Universums, treibt immer wieder Menschen auf den Weg der Suche nach dem "Wissen". Auf diesem Weg der Suche führen "Lehren", die intellektuell und rezeptiv aufgenommen werden, nur selten zu dem erstrebten und erhofften Ziel des "Wissens". Dies kann eigentlich nur da geschehen, wo mich derartige Verbalisierungen animieren, mich auf die Begegnungen mit der "Kraft" selbst einzulassen, so daß ich dem begegne und es erfühlen kann, was mich in der Tiefe und unbedingt angeht, so daß es mich von innen heraus derartig überwältigt und erleuchtet, daß es mich unwiderstehlich überzeugt. Kein Einwand der Welt kann mich dann noch von dieser Erfahrungsrealität abbringen. Wenn ich dem nachgehe, kann ich auf den "Weg mit Herz" finden, auf einen Weg, den ich einig mit mir selbst gehen kann, in der Überzeugung des Glaubens, die sich in mir selbst als wahr im eigentlichen Sinne erweist. Nur dann werde ich wissen, ob sich der Aufwand meiner Suche gelohnt hat. Der "Lohn" allerdings ist nicht vorweisbar, sondern kommt zunächst mir ganz alleine zu, es sei denn, daß andere etwas von dem an mir "sehen" was mir begegnete.

Denn wollte ich anderen von meiner Erfahrung sagen, so blieben letztlich leere Worte, es sei denn, der Hörende könnte zwischen den Worten oder zwischen den Zeilen "fühlen", was mich wirklich nun ausmacht.

"Wer Ohren hat zu hören, der höre!"
Jesus

Darum wohl fragt Juan immer wieder:

"Fühlst du, was ich sage?"

Die totale Umwertung aller Werte durch die Begegnung mit dem "Wissen"

In einem 1979 vom Fernsehen ausgestrahlten Interview mit einem peruanischen Indianer sagte dieser mit seltsamer Überlegenheit:

"Ihr lernt nur mit dem Kopf.

Wir lernen mit dem Körper und mit dem Kopf."

Man kann das noch härter ausdrücken:

> Wir lernen schon als Kinder, mit dem Kopf unseren Körper abzutöten, seine Signale zu ignorieren und als unwichtig abzutun.

Wann hört man schon einmal bei einem Abendländer die ernst gemeinte Frage, was eine körperliche Erkrankung denn wohl für seelische Ursachen haben und was sie dem Menschen signalisieren könnte? Früher kennen wir wohl den Vorwurf eines Kranken, der gleichsam Gott fragt: "Womit habe ich das denn verdient?" Mit scheint, daß darin noch ein Rest des Wissens vorhanden war, daß Krankheit nicht einfach eine Verschleißerscheinung oder Zufall sein könne.

Für den Indianer hat jede Krankheit immer eine Ursache, eine Ursache, die nicht durch Viren oder Bazillen o.ä. erklärt wird, sondern sie wird im bewußtseinstranszendenten Raum gesucht. So kann z. B. ein Traum eine Krankheit verursachen, oder ein böser Zauber, oder das Übertreten eines Tabu, etc. Es ist Sache des Schamanen, den eigentlichen Grund herauszufinden und die Sache wieder in Ordnung zu bringen, was ihm nach Berichten aus der Zeit der Konquistadoren auch in der Regel gelang. Bevor die Weißen kamen, gab es bei den Indianern kaum Krankheiten, die nicht geheilt werden konnten.

DIE WELT DER RATIONALEN BESCHREIBUNG

So ist es denn auch für Carlos Castaneda ein wesentlicher Schritt auf dem Weg seiner Lehre zu verstehen, daß er in einer Welt lebt, die nicht die "Welt an sich" ist, sondern eine Welt, die geschaffen und hergestellt ist durch die Beschreibungen der Dinge, die ihm von Kindesbeinen an von den Eltern und anderen "Bezugspersonen" übermittelt und gleichsam "eingeimpft" wurden. Diese verbalen Beschreibungen sind rational bewußt machende, die dazu helfen sollen, das, was uns umgibt, unterscheiden und benennen zu können, wodurch wir es uns verfügbar machen. So wichtig dieser Prozeß auch ist, er beschreibt immer nur einen kleinen, für die Entwicklung des jeweiligen Intellektes eben noch überschaubaren Teil dessen, was die Welt im Ganzen ist.

Die Abendländer klammern nun aus dieser Welt der Beschreibung den Bereich des Irrationalen aus. Wenn sich dann der "erste Ring der Kraft" schließt, übernimmt die "Diesseitigkeit" alleine die Führung.

Alles was in diesem ersten Ring der Kraft Platz hat, bezeichnet Juan als das "Tonal".

Alles was Castaneda in diesem Zusammenhang über die "Erklärung der Zauberer" für das "Tonal" berichtet, könnte in einem guten Lehrbuch für Entwicklungspsychologie stehen. In der Beschreibung der Welt geht es um die Bildung des "Ich-Bewußtseins", bzw. des "Ich-Komplexes".

Was Juan dann aber weiterführend als sein Weltbild beschreibt, findet sich sicher in keinem Lehrbuch mehr.

Daraus ergibt sich, daß an den Mitteilungen über den "ersten Ring der Kraft" kaum jemand Anstoß nimmt. Die Geister scheiden sich erst da, wo das, was Juan als den "zweiten Ring der Kraft" bezeichnet, in die Welt des ersten Ringes einbricht und dadurch die Stichhaltigkeit aller rationalen Beschreibungen total in Frage stellt.

DAS "ANHALTEN DER WELT" DURCH DIE KONFRONTATION MIT "DER ANDEREN WIRKLICHKEIT"

Die Juden vollziehen am neugeborenen Kind einen Ritus, durch den das aus der vorgeburtlichen Zeit stammende "Vorwissen" des Kindes ausgelöscht werden soll. Geschähe das nicht – so glauben dic Juden –, so würde das Kind gehindert sein, die Realität des Diesseitigen zunächst einmal als die zu bewältigende Lebensrealität zu akzeptieren.

Der Indianer glaubt, daß auch dann, wenn sich der erste Ring der Kraft geschlossen hat, eine Ahnung von dem vorhanden ist, was zuvor war, als die verschiedenen Bestandteile dieser neuen Person noch unverbunden im Nagual existierten. Darum erinnern die für die Erziehung der Kinder Verantwortlichen diese immer wieder an diese andere Seite, damit sie nie in Vergessenheit gerät.

Dieses Unbekannte, aus dem ein Mensch herausgeboren wird, bezeichnet C. G. Jung als das kollektive Unbewußte, in dem die Archetypen wirksam sind, jene Imagines, aus denen sich Mythen,

Sagen und Märchen zusammensetzen, bzw. die diese widerspiegeln.

Tatsächlich zeigt sich bei aufmerksamer Betrachtung der Mythen, Sagen und Märchen der Völker eine auffallende Übereinstimmung bestimmter Symbole, Symbolgestalten und Lebens- und Verstehensweisen, die sich nur aus der Annahme erklären läßt, daß es sich um Urbilder des Lebens handelt, die der gesamten Menschheit gemeinsam sind und vermutlich schon vor ihrer Erntstehung als die Strukturen menschlichen Lebens vorhanden waren.

So zeigen beispielsweise die Erlösungsreligionen darin Übereinstimmung: Wo es einen Gott in seiner eigenen, wie immer gearteten Welt gibt, ob sie nun als Paradies oder als Nirwana vorgestellt wird, da kommen die Menschen aus dieser Welt Gottes, und ihr Lebensziel wird die Rückkehr in diese Welt ihres Gottes sein.

Die Frage erhebt sich notwendig, was denn der Aufwand des Erdenlebens soll, wenn wir doch wieder an den Ort unseres Ausgangs zurückkehren.

Auf diese Frage wird unter "Die Ganzheit des Selbst" noch näher eingegangen werden.

Hier soll es zunächst darum gehen, daß es dem Menschen nicht nur möglich ist, sondern wohl auch seinen wesentlichen Lebensauftrag ausmacht, dieser Ahnung nachzugehen und die Begegnung mit jener anderen Welt des Nagual, der Welt, die sich jeder rationalen Beschreibung entzieht und doch gerade in ihrer Unbeschreibbarkeit den Gegensatz zu unserer Welt des Tonal darstellt, zu suchen.

Das Zusammentreffen dieser Gegensätze der bekannten und rational faßbaren und darum dem Menschen verfügbaren Welt und jener anderen Welt des Unbekannten, das uns eben auch unbewußt ist, das nur erahnbar bleibt, wird – wenn es sich ereignet – für den, dem dieses Ereignis widerfährt, als ein Zusammenprall erlebt, bei dem der erste Ring der Kraft in Stücke brechen kann, wenn man nicht vorbereitet ist, d. h. über genügend persönliche Kraft, bzw. über ein genügend starkes Ich-Bewußtsein verfügt.

Psychologisch gesprochen kann der Mensch durch die unvorbereitete Begegnung mit den Bildern des kollektiven Unbewußten vom Tonal abgespalten und in die Psychose oder den Tod gestürzt werden. In jedem Fall aber wird durch den Zusammenprall dieser beiden Welten die Welt der rationalen Beschreibung "angehalten", d.h. sie muß ihren Absolutheitsanspruch aufgeben. Damit aber ist sie in Frage gestellt, und die Gültigkeit ihrer einseitigen Realitätsbewertung ist aufgehoben. So wird der Raum frei, in dem jene andere Seite sichtbar wird und ihren Anspruch auf Zugehörigkeit zur Ganzheit anmelden kann. Sie wird plötzlich als notwendige Ergänzung der tonalen Welt erkannt. Im weiteren Verlauf des Prozesses aber wird dann fühlbar, daß dieser anderen Seite, die zunächst nur Ergänzung zu sein scheint, die eigentliche Priorität zukommt. Im Angesicht dieser Verschiebung der Wertigkeit wird die totale Relativität des Handelns in diesem Leben erkannt. Das, was in diesem Leben gelebt und gehandelt wird, erweist sich als im Grunde völlig unwichtig angesichts der Größe und Freiheit des Raumes des Nagual. Eben darin liegt auch die Verführung, dem Locken des Nagual zu erliegen und dort zu bleiben. Nichtsdestoweniger läßt der Blick ins Nagual aber auch erkennen, daß das Leben des Menschen in den Dimensionen von Zeit und Raum nicht ohne Sinn ist. Es muß gelebt und bewältigt werden, damit das Lebensziel erreicht werden kann.

Wegen der Gefahren, die mit der Begegnung mit dem Nagual verbunden sind, geht Juan mit Carlos in der Heranführung an diese andere Wirklichkeit sehr behutsam vor.

(1) Die Ritualisierung aller Handlungen ist die erste und wichtigste Sicherheitsvorkehrung, die Juan trifft. Er bringt Carlos das bei, was für Indianer selbstverständlich ist: alle Handlungen, alle Lebensvollzüge zu ritualisieren. Dadurch erreicht man, daß man einerseits mit voller Aufmerksamkeit bei allem ist, was man tut, aber man ruft sich auch dauernd erneut ins Gedächtnis, daß nichts auf der Erde selbstverständlich ist, sondern alles "Gnade", Geschenk der Wesen der Dinge ist, die einem erlauben, mit ihnen umzugehen, wenn man ihnen in der nötigen Ehrfurcht begegnet.

Nur so ist man jederzeit auf die Begegnung mit den Mächten des Nagual vorbereitet.

Wir kennen ja diese Dinge auch aus den Analysen, in denen

es bestimmte Tabus und Regeln gibt, die zu einer Ritualisierung führen, die die Mächte des Unbewußten helfen in Schach zu halten und eine Inflation zu vermeiden.

(2) Der Körper des Kriegers muß "makellos" sein! Darauf lenkt Juan immer wieder die Aufmerksamkeit seines Lehrlings. Der Körper nämlich muß in jeder Situation, besonders aber in Augenblicken der Gefahr, absolut funktionieren und darf kein Hindernis sein auf dem zu beschreitenden Weg.

(3) Die Begegnungen mit der anderen Wirklichkeit bleiben zunächst scheinbar an der Oberfläche, wenn beispielsweise Juan die Aufmerksamkeit des Carlos auf die Zwischenräume im Geäst der Bäume lenkt. Dann aber, weil Carlos als Abendländer ein "so hartnäckiger Fall" ist, was seine Fähigkeit angeht, Erlebtes durch Rationalisierung zu verleugnen, benutzt Juan Drogen, um Carlos die Wirklichkeit des Irrationalen derart erfahren zu lassen, daß Leugnen nicht mehr möglich ist und jeder Widerstand seinen Sinn verloren hat.

Mit diesen Ereignissen ist der Punkt im analytischen Prozeß des Carlos erreicht, an dem es kein Zurück mehr gibt. Ab jetzt ist es ein "Way without Return". Nun muß er weiter gehen, wenn auch immer wieder von großen Ängsten gepackt und geschüttelt.

Diesen Punkt gibt es auch in den uns bekannten Analysen:

Es gibt Analysanden, die an einem bestimmten Punkt ihres Prozesses begreifen, daß sie nur noch weiter nach vorn, nie aber zurück können. Nicht jeder Mensch, der eine Analyse nötig hat und angeht, ist damit auch zur Individuation "berufen" oder "erwählt". Es scheint wirklich so zu sein, daß es eine schicksalhafte "Erwählung" zur Reifung und Individuation gibt, der der so Bestimmte nicht ausweichen kann, während andere durchaus nicht den Wunsch haben, eine Analyse weiter durchzustehen, als es für ihr augenblickliches Wohlergehen nötig zu sein scheint.

Dieses Phänomen erfaßt Hermann Hesse in fast seinem ganzen Werk. Es seien nur genannt Siddharta, Demian, die Morgenlandfahrt und das Glasperlenspiel.

Diesen Aspekt der Erwählung kennen wir ja auch aus der Bibel – Erwählung der Propheten und Könige, im NT der Jünger –, aber auch von den indianischen Schamanen, die nur Lehrlinge nehmen, die von der "Kraft" erwählt sind.

Das nun, was nötig ist, um auf dem Weg des Erwählten zum Wissen gehen zu können, ist ein hohes Maß an Selbstdisziplin, die Juan im Bilde des "Kriegers" umschreibt.

DIE GEISTESHALTUNG DES KRIEGERS

Um ein "makelloser Krieger" zu sein, muß ein Mann einen langen, beschwerlichen und oft gefährlichen Weg gehen. Um den Gefahren dieses Weges gewachsen zu sein, muß er ein hartes Training durchlaufen, das ihn seines Körpers sicher macht und Vertrauen zu seinem Ich-Bewußtsein schafft, d.h. er muß persönliche Kraft ansammeln. Durch oft sinnlos erscheinende Übungen wird er zur Selbstkontrolle und Selbstdisziplin geführt.

Juan benutzt Carlos gegenüber bestimmte Techniken, die hier nur in Kürze angeführt werden sollen.

Die Techniken, ein Krieger zu werden

(1) Die richtige Gangart zu üben ist eine wichtige und wirkungsvolle Technik, die dazu führt, daß man sich beim Gehen absolut auf seinen Körper und dessen Funktionen konzentriert, so daß dieser agieren und die Umwelt erfassen kann:

Die Hände sollen nach innen gekrümmt sein, während der Blick sich nicht auf irgendeinen Punkt konzentrieren soll, sondern gleichsam ziellos nach vorne geht, auf einem Bogen, der von den Fußspitzen zum Horizont reicht. Auf diese Weise wird tatsächlich eine Unzahl von Informationen aufgenommen, die man sonst übergeht. Dabei ist gleichgültig, ob man die Finger krümmt oder auf andere Weise die Konzentration vom inneren Dialog weg auf den Körper lenkt.

(2) Das Handeln ohne Erwartung kann einen Mann aus der Zielbesessenheit befreien und den Leistungsdruck aufheben, der daraus entsteht, daß man meint, es immer irgend jemand recht machen zu müssen.

Der Krieger braucht weder sich noch anderen etwas zu beweisen. Der Krieger hat auch keinen anderen Menschen nötig, der ihm seine Qualität zu bescheinigen hätte, damit er etwas von sich halten könnte.

Darum braucht er von anderen nichts zu erwarten und kann für alles, was er für sein Kriegerleben braucht, selbst aufkommen.

(3) Die Unterbrechung der Routine gehört zu den wichtigsten Hilfsmitteln auf dem Weg, ein Krieger zu werden.

Es ist ja unschwer nachzufühlen, wie sehr unser Leben in Routinen eingesperrt ist, so daß für unvorhergesehene, ungeplante, aber spontane Aktionen kein Raum mehr bleibt. Wenn Freiheit nur in uns gefunden werden kann und nicht von außen gegeben werden kann, dann sind es gerade unsere Lebensroutinen, mit deren Hilfe wir uns die Freiheit nehmen.

Das bedeutet aber, daß die Routinen nur den Sinn haben, die uns beschriebene Welt aufrechtzuerhalten. Aus- und Aufbrüche in andere Welten und Wirklichkeiten werden auf diese Weise von vornherein unterbunden.

Die Durchbrechung der Routinen versucht Juan dadurch zu erreichen, daß er Carlos zunächst ganz kleine und alltägliche Routinen bewußt macht, indem er ihm beispielsweise aufträgt, seinen Gürtel fortan andersherum zu schnallen, als er es bisher zu tun gewohnt war, oder seine Schnürsenkel anders zu binden oder einmal eine Woche lang alles, was er tut, rundweg als "gut" zu bewerten, statt, wie bisher, als schlecht.

(4) Die Verantwortung übernehmen ist eine direkte und notwendige Folge der bisherigen Übungen:

Wenn ich mich nicht mehr hinter den Routinen verstecken kann, um diese verantwortlich zu machen für das, was mir mißlingt oder gelingt, dann muß ich wohl oder übel die Verantwortung für mich und meine Handlungen sowie für deren Folgen selbst übernehmen.

Dazu gehört aber auch, daß ich aufhöre, mich hinter denen zu verstecken, die für meine Erziehung verantwortlich sind.

(5) Das Auslöschen der persönlichen Geschichte ist darum eine unabdingbare Notwendigkeit. Besonders für den so traditionsbewußten Abendländer ist dies wichtig, besonders auch deswegen, weil wir psychologisch so verdorben sind, daß wir psychologisierend die Verantwortung für das, was wir sind und tun, den "Bezugspersonen" anlasten, die dafür gesorgt haben, daß wir uns so und nicht anders entwickelt haben.

Natürlich ist das alles richtig! Aber es geht doch für den erwachsenen Menschen nicht darum, sich dauernd leid zu tun, weil er so schlechte und unfähige Eltern hatte, und sein Schicksal zu beweinen, sondern Reifung heißt doch, dieses Schicksal zu akzeptieren und zu verändern, was zu verändern ist. Die anamnestische Analyse dient ja genau zu diesem Zweck: dem Analysanden zu ermöglichen, sich von den Eltern und anderen Bezugspersonen zu unterscheiden und sich selbst so zu erkennen, wie er wirklich ist! Also auch seine spezifischen Möglichkeiten, die auszubilden er bisher gehindert wurde, was aber doch nicht heißen muß, daß er auch weiterhin sich daran hindern läßt.

Der Krieger kann dieses Versteckspiel und das Selbstmitleid nicht brauchen:

Auf dem "Kriegspfad", oder anders ausgedrückt: auf der Jagd nach dem Wissen, ist der Krieger ganz alleine und also auch auf sich alleine angewiesen. Für jeden Schritt muß er die Verantwortung selbst übernehmen. Er muß sich so verhalten, daß er jederzeit jede ihm begegnende Situation auch meistern kann.

(6) Die ungeteilte Aufmerksamkeit ist nicht nur eine selbstverständliche Voraussetzung für den Erfolg des "Jägers" oder "Kriegers", sondern auch eine direkte Folge der zuvor beschriebenen Verhaltensweisen.

Wer gelernt hat, für sich selbst einzustehen, wird jeden Schritt seines Lebens in voller und ungeteilter Aufmerksamkeit gehen.

So gilt für Juan, daß er alles, was er tut, ganz tut. Man wird hier an das erinnert, was auch im Zen-Buddhismus gefordert ist:
Juan spricht weder beim Gehen noch beim Essen.
Der Buddhist sagt:
Wenn du ißt, so iß! Wenn du gehst, so geh! Wenn du schläfst, so schlafe!

(7) Die Unerreichbarkeit des Kriegers ist die Folge dieses Trainings. Natürlich muß der Mann, der dauernd mit dem Angriff der Mächte und Kräfte rechnen muß, die er jagt, dafür sorgen, daß er nicht gleichsam von hinten angefallen werden kann. Er muß also unerreichbar sein für jedermann, denn die Angriffe können auch durch reale Menschen geführt werden, um jemanden zu hindern, aus dem Kollektiv und dessen Normen auszubrechen.

". . . Unerreichbar sein heißt nicht, sich zu verstecken oder diskret zu leben. Es bedeutet auch nicht, daß man mit anderen Menschen nichts zu tun haben darf. Ein Jäger benutzt seine Welt wohldosiert und liebevoll, ganz gleich, ob diese Welt aus Dingen oder Pflanzen, aus Tieren oder Menschen oder Kräften besteht. Ein Jäger steht mit seiner Welt auf vertrautem Fuß, und doch ist er für eben diese Welt unerreichbar . . .
Er ist unerreichbar, weil er seine Welt nicht auspreßt; er berührt sie behutsam, verweilt, solange es nötig ist, und entfernt sich dann schnell, fast ohne eine Spur zu hinterlassen."
Castaneda, III, S.77 (Heraushebung von mir.)

Es ist nachzufühlen, daß ein solcher Mensch kaum noch verletzbar ist, zumindest, was Menschen betrifft, weil die Angst vor den Menschen mit der Erwartung schwindet, daß eben sie uns den eigenen Wert zu bestätigen hätten.

Die Lebensweise des Kriegers

Ein Mann, der durch langes, von Verzicht und Leiden geprägtes Training zum Krieger heranreifte, wird sich in seiner Lebensweise sehr von "gewöhnlichen" Menschen unterscheiden. Seine Lebensweise hat für den Außenstehenden gleichsam asketische Züge. Alle Errungenschaften des Wohlstandes verlieren für den Krieger als solche ihre Bedeutung. Soweit sie in Anspruch genommen werden – wie beispielsweise das Auto –, stehen sie im Dienst des Zieles, das der Krieger verfolgt:

Die Kraft zu jagen!

Wer darauf aus ist, Zugang zu dieser Kraft der Transzendenz zu gewinnen, die bei den Indianern – dem in die Religionswissenschaft durch R. Otto aufgenommenen Begriff der Südseeinsulaner *"Mana"* entsprechend – *"Wakan"* genannt ist, der darf die rationale Realität nicht unkontrolliert das ganze Leben beanspruchen lassen. Vielmehr muß er diese Realität so ordnen, daß sie möglichst wenig Raum in dem Gesamt seines Lebens einnimmt. Juan bezeichnet diesen Prozeß als das "Schrumpfen des Tonal" oder das "Leerfegen des Tonal".

Das reale Leben, das Essen, Trinken, Schlafen sowie die rationale Bewußtwerdung der uns umgebenden Dinge in Zeit und Raum beinhaltet muß eingeschränkt werden, damit möglichst viele Energien für die Kontaktaufnahme mit der Kraft, mit *"Wakan"* verfügbar bleiben; denn diese Kontakte erfordern einen starken Körper und einen klaren Geist.

Diese Stärke, die wir psychologisch als "Ich-Stärke" oder "Ich-Bewußtsein" bezeichnen, bezeichnet Juan als die "persönliche Kraft".

Bei den Indianern gibt es Stämme, in denen ein Junge für jeden Erfolg, den er erringt, eine Adlerfeder bekommt. Aus diesen Federn setzt sich der spätere prächtige Kopfschmuck des Häuptlings zusammen.

Die Geisteshaltung des Kriegers

Für den Krieger ist der Mensch, der er früher war, im Grunde schon gestorben. Der also, mit dem er in früheren Zeiten identifiziert wurde, lebt nicht mehr.

Das meint:

Die Welt und das "Ich-Bewußtsein", die Bezüge also, die bisher für sein Leben bestimmend waren, verloren ihren Anspruch, die Eigentlichkeit des Lebens, dessen Einmaligkeit und Tiefe zu repräsentieren. Zwar sind sie Realitäten, die keineswegs vernachlässigt werden dürfen, aber sie entbehren des Zwanges zur Realisierung.

Damit bringt der Mann aber auch ein Opfer:

Er verzichtet auf alles, was bisher sein Selbstwertgefühl und sein Gefühl von sich selbst ausmachte. Alle Normen, an denen er sich bisher messen konnte, verloren ihre Gültigkeit. Nicht andere können mehr sein Recht auf Leben garantieren, sondern er muß sich sein Leben selbst und auf seine Weise erkämpfen.

Erotik, Sexualität, Liebe, Ehe und Familie sind zwar Realitäten, die ihre Ansprüche anmelden, aber der Krieger wird ihnen nur bis zu einem gewissen Grade entsprechen können. Er hat, als hätte er nicht, er liebt, ohne sich in die Abhängigkeit zu geben, d.h. er nimmt alle Projektionen von den äußeren Objekten zurück und unterscheidet sich von ihnen.

Er ist nun nicht mehr Teil seiner Welt in dem Sinne, daß er dieser Ansprüche an sich und an sein Leben einräumte oder von ihr etwas erwartete. Damit ist der bisherige Mensch nicht mehr existent:

Er wird innerlich zum Außenseiter der Gesellschaft, die sich an ihren eigenen Normen und Weltbeschreibungen festhält, um sich der anderen Seite nicht konfrontieren zu müssen.

Er ist als der, für den er gehalten wurde, gestorben. Ein anderer lebt nun an seiner Stelle, der in die Kategorien des Kollektivs nicht mehr so einfach einzuordnen ist.

Sterben und Tod sind hier nicht im materiell-körperlichen Sinne zu verstehen. Vielmehr geht es hier um den Akt der Wiedergeburt, die im NT schon Nikodemus Verständnisschwierigkeiten bereitete:

> "Soll ich denn wiederum in meiner Mutter Bauch zurückkehren, um von neuem geboren zu werden?"

Die Antwort Jesu beschreibt genau das, was auch in unserem Zusammenhang gemeint ist:

> "Es sei denn, ein Mensch wird aus Feuer und Geist geboren, so wird er das ewige Leben nicht sehen."

Es geht also um die Verwandlung der Lebensform, die nur erreicht werden kann, wenn der Mensch über seine Dimensionen von Zeit und Raum hinauszusehen lernt, so daß auch die zeitlich-räumliche Welt erfaßt werden kann als das, was sie dem Wesen nach ist:

der Gegensatz zu jener anderen, ursprünglichen Welt, in der es nicht Zeit noch Raum gibt.

So fühlt sich der Krieger als ein "Wanderer zwischen den Welten", er "pendelt" zwischen dem Tonal und dem Nagual.

Dabei erfährt er immer mehr das Nagual als die umfassendere Wirklichkeit und die des Tonal als die begrenztere.

Diesen Unterschied kann der Krieger aber nur feststellen, weil er des Gegensatzes beider Welten ansichtig wird.

Über den Aspekt der Ganzheit des Selbst, der hier schon sichtbar wird, soll an späterer Stelle ausführlicher gesprochen werden.

Entsprechend dem auf der Unterscheidung der Gegensätze beruhenden Bewußtsein des Menschen kann ein bewußter Zugang zum Nagual, dem Gegensatz des Tonal, nur durch und mit der Bewußtwerdung der beschriebenen Realität als solcher gewonnen werden.

So kann erst der Mensch, der zumindest das Vorhandensein der anderen Wirklichkeit des Nagual erfahren hat, das Tonal als das erkennen, was es wirklich ist:

Das Tonal kann beschrieben werden als eine Insel, die aus dem weiten Meer des Nagual aufgetaucht ist. Dieses Symbol der Insel taucht auch in unseren Analysen als Symbol des Ich-Bewußtseins auf. Auf dieser Insel des Tonal muß der Krieger sein "Standbein" haben, er muß verwurzelt sein, damit die Macht des Nagual ihn nicht in die Grenzenlosigkeit dieses "Meeres" entführt oder in die Tiefe reißt. Nur wenn das Tonal "makellos" ist, kann der Krieger es wagen, den Schritt über die Ufer dieser Insel hinaus zu wagen, um sich darin zu üben, sich auch im Nagual zu bewegen und aufzuhalten und wieder zurückzukehren. Der Zusammenhalt der beiden verschiedenen Seiten der Person darf nie verlorengehen.

– Leider können in diesem Zusammenhang die Fragen nicht behandelt werden, die sich aus der "Spaltung der Persönlichkeit" des Kriegers ergeben. –

Erst, wenn dieser – schicksalhaft vorgegebene – Punkt im Leben des Kriegers gekommen ist, an dem das Pendeln zwischen den beiden Welten makellos beherrscht wird, kann es ihm freigestellt sein, das Tonal ganz loszulassen, um in die Welt des Nagual einzugehen und dort weiterzuexistieren.

Natürlich hat dieser Prozeß der Bewußtwerdung des Nagual direkte Folgen für die Geisteshaltung des Kriegers:

Weil der Indianer weiß, daß das Nagual beansprucht, die eigentliche und wesentliche Realität des Lebens zu sein, um deren Erreichung allein sich das Leben im Tonal lohnt, sieht er das Leben und dessen materielle Realitäten in völlig anderem Licht:

(1) *Die kontrollierte Torheit* ist eine Einstellung zu den Handlungen im Tonal, die aus der Erkenntnis erwächst, daß alle Dinge und alle Handlungen vom Gesichtspunkt des Nagual her unwichtig sind. Sie sind alle schon geschehen, geschehen immer noch und werden wieder geschehen.

Gerade darum aber, weil sie gleichsam "ewig" sind, sind sie in diesem Augenblick des Handelns des Kriegers von absoluter Wichtigkeit, hat er doch im Tun dieser Dinge Anteil an dem, was das Nagual in den Dimensionen von Zeit und Raum geschehen läßt.

Darum hört der Krieger nicht auf, im Tonal zu handeln. Aber

Niederlage oder Sieg haben keine Bedeutung mehr für ihn. Er kann aus ihnen nur für die zukünftigen Handlungen lernen.

Darum kennt der Krieger auch keine Reue gegenüber seinen Handlungen. Sie würden ihm auch nur die Energien rauben, die er für den nächsten Schritt braucht, um ihn abzulenken, seine Aufmerksamkeit stören.

(2) Den Tod als Berater zu haben ist eine andere, ihn stark prägende Geisteshaltung des Kriegers.

Wer vom Nagual weiß, hat auch Einsicht in die Matrix, die Grundstruktur des Lebens im Tonal. Er weiß um die Zusammensetzung des Menschen, wie um die Präexistenz der Anteile seiner Person, aus denen er zusammengesetzt ist. Er durchschaut also auch Geburt und Tod auf das hin, was sie eigentlich sind:

Zusammensetzung und Inkarnation ewiger Intentionen und deren Auflösung und Überführung in ihren früheren Zustand. Während des Lebens sind zeit- und raumlose Wesenheiten inkarniert in einem materiellen, d.h. an Zeit und Raum gebundenen Körper, in dem sie zusammengehalten werden durch die Lebenskraft, die diesem konkreten Menschen als Anteil an der schier unerschöpflichen Lebenskraft der Natur mitgegeben wurde.

Der Wissende weiß also, daß er nicht unsterblich ist, sondern in dieser Welt und für diese seine Lebensaufgabe nur eine kurze und begrenzte Zeit zur Verfügung hat. Er wird sie nutzen müssen! Daran erinnert ihn immer wieder sein Tod, der immer schon auf ihn wartet.

(3) Die Natur wird vom Wissenden erkannt als Ursprung aller Lebenskraft, zumindest als deren Repräsentantin.

Diese Lebenskraft, die alles, was sich in die Materie hinein inkarniert, zusammenhält, ist *"Wakan"*, jene Energie, die von den Gnostikern von Princeton (vgl. Ruyere, Jenseits der Erkenntnis) als "Superintelligenz" verstanden wird, die uns in den Religionen als *"Gott"* oder "Demiurg" begegnet.

Ist diese Lebenskraft eines Individuums aufgebraucht, ruft ihn sein Tod. Dies ist eine sehr plastische Beschreibung dessen, was wir im Symbol der Lebenskerze ausdrücken wollen.

(4) Der Krieger "sieht" aber auch seine Welt anders als die "gewöhnlichen" Menschen. Er schaut nicht mehr nur mit den äußeren

Sinnesorganen "Augen", so wie wir es gewöhnt sind, sondern sein Körper fühlt auch die Strahlungen, die von einem Menschen oder einem Tier oder einem Ding ausgehen. Diese Strahlungen nun werden – ähnlich wie beim Fernsehen – in innere Bilder umgesetzt. Diese Art des "Körpersehens" läßt den Körper eines Menschen als leuchtendes Ei erscheinen, daß aus leuchtenden Fasern gebildet ist, die zwischen den beiden Epizentren gehalten werden wie ein magnetisches Kraftfeld zwischen den Polen.

Mit dem Körper also vermag der Krieger die Objekte seiner Welt zu durchschauen. Dadurch hält er die Welt seiner Beschreibung an, deren Normen ihre absolute Gültigkeit verlieren, so daß diese Welt relativiert wird. Den gleichen Vorgang hat Carlos in dem "Gespräch mit dem magischen Kojoten" erlebt:

Nicht gesprochene Wörter werden zwischen den beiden gewechselt, sondern Gefühle gehen zwischen den Körpern der beiden hin und her und transformieren sich in Carlos in Wörter, in denen ihm der Inhalt der Begegnung bewußt werden kann.

Für unsere Rationalität erscheinen derartige Mitteilungen zunächst abwegig. Aber auch die moderne Naturwissenschaft kommt zu ähnlichen Ergebnissen. So hat man die Strahlungen des menschlichen Körpers erforscht. Das Ergebnis ist ein aus Strahlen geformtes Ei, eine Ellipse mit zwei Brennpunkten. Dies Schema scheint doch ein Grundmuster unserer Welt zu sein. Wir müssen wohl nur einmal ernst mit den Erkenntnissen der Naturwissenschaft machen! Dann nämlich ist doch klar, daß unser Körper wirklich nicht von fester Konsistenz ist, sondern aus unendlich vielen kleinsten Quanten besteht, die in Atomen, Molekülen und Zellen zusammengehalten werden, um sich nach dem Tod wieder in ihre Bestandteile aufzulösen.

Übrigens begegnet uns im NT ja eine adäquate Vorstellung:

Der Auferstehungsleib Jesu ist im Gegensatz zum lebendigen Jesus immateriell, also vergleichbar dem Doppelgänger in der Lehre des Juan.

Es geht dabei um die Möglichkeit, den Menschen in seine beiden "Leiber" zu spalten. (Übrigens berichtete der SPIEGEL 1978 darüber, daß die Biologen neuerdings glauben, einen sogenannten "biologischen", immateriellen Leib im materiell-körperlichen entdeckt zu haben, der die Matrix des Menschen enthält.) Die

Möglichkeit der Aufspaltung des Menschen und des bewußten Wechsels des Bewußtseins auf die eine oder andere Ebene des Seins wird im Zusammenhang mit dem "Träumen" noch näher zu erläutern sein, denn sie steht in direktem Zusammenhang mit den Visionen und Träumen der Indianer. Tatsächlich bedeutet diese neue Geisteshaltung des Kriegers eine totale Umwertung aller Werte:

Alles, was für den "gewöhnlichen" Menschen, der er einmal war, einen Wert hatte, als wäre dies die eigentliche Welt und das eigentliche Leben, zeigt sich dem Krieger als zeitlich-räumliche Illusion. Zwar ist es nicht ohne Wert, aber es ist und bleibt das Abbild des Urbildes, wohingegen sich die "andere Wirklichkeit" als das eigentliche und wesentliche Universum erweist.

Die andere Wirklichkeit des Nagual

Das Problem liegt darin, daß man Erfahrungen mit der "anderen Wirklichkeit", Erfahrungen also, die in den religiösen Raum und damit in die äußerste Tiefe der menschlichen Person reichen und aus ihr Energien heraufholen und wirksam werden lassen können, die uns in unserer alltäglichen Wirklichkeit völlig unbekannt sind, einem anderen Menschen niemals über das "Wort", das Mittel der rationalen Verständigung, mitteilen kann. Worte können derartige Bereiche einem anderen Menschen nicht überzeugend und die eigene Erfahrung in ihm provozierend erschließen, es sei denn, es würde der andere gleichsam zwischen den Worten oder zwischen den Zeilen hören oder lesen können, was eigentlich ausgesagt wird. Er müßte ebenso mit dem Körper hören und lesen wie jener, der die von ihm gemachte Erfahrung weitergeben möchte.

Alles andere kann nur aus einer rationalen Überzeugtheit entstehen und bleibt dann nichts anderes als ein Nachplappern von dem rationalisierbaren Teil der eigentlichen Erfahrung, und damit leer und schal.

Manch einer versucht jenem Leiden, das aus der Begegnung mit dem Nagual und der Erkenntnis der Weltzusammenhänge notwendig erwächst, auf diese Weise zu entgehen und sich Reife und "Individuation" gleichsam zu erschleichen.

Genau dies hat ja zum Verfall des christlichen Glaubens geführt:

Nur rational vermittelte Dogmatik sollte die Glaubenserfahrung und das eigene Opfer ersetzen.

Mir scheint, daß alle Religionen unter diesem Verfall des Glaubens zu leiden haben.

Es ist eben nicht möglich, das Nagual zu verbalisieren, denn – und das sieht Juan völlig richtig – in dem Augenblick, wo ich etwas, das mit dem Nagual und dessen Erfahrung zusammenhängt, verbalisiere, hört es auf transzendent zu sein, sondern ist ein Bestandteil des Tonal geworden. Darum sagt Juan, auch Gott gehöre zum Tonal. Damit meint er doch, daß alles, was ich etwa theologisch über Gott aussagen kann, nicht mehr jener Gott ist, der dem Bewußtsein transzendent ist. Ihn kann ich nur als Gesamtperson erfahren, aber nicht "aussagen". (In diese Richtung weist wohl auch die heutige Tendenz der "narrativen Theologie", die Glaubensinhalte versucht durch Nacherzählen von Berichten der Bibel zu vermitteln. Es kann wohl sein, daß in solchem Erzählen zwischen Worten und Zeilen etwas von der Erfahrung des Erzählers – sofern er sie machte – fühlbar wird.)

Die entscheidenden Begegnungen mit dem Nagual ereignen sich für den indianischen Schamanen – also auch für Carlos Castaneda – in den Träumen und Visionen.

Leider ist eine ausführliche Darstellung dessen, was darin geschieht, soweit es rationalisierbar ist, in diesem Zusammenhang nicht möglich. Es wird auf viele Hinweise und belegende Zitate verzichtet werden müssen.

DAS TRÄUMEN

Das Träumen, von dem Juan spricht, meint sicher nicht den Schlaf- oder Tagtraum, wie wir ihn kennen. In unseren Träumen nämlich steuert das Unbewußte ohne unser Zutun das Traumgeschehen. Wir sind mehr oder weniger Zuschauer, Erlebende oder auch Erleidende, ohne Einfluß auf den Fortgang der Handlung zu haben.

Dennoch können wir auch bei unseren Träumen nicht bestreiten, daß es sich um objektivierbare Realitäten handelt:

Wenn ich im Traum Angst habe oder schreie, dann wache

ich mit dieser Angst oder mit diesem Schrei auf, den andere hören konnten und bin möglicherweise "in Angstschweiß gebadet". Das Erleben ist also auch hierin schon völlig real.

In den Träumen, um die es den Indianern geht, geschieht aber etwas völlig anderes:

Bei vollem Bewußtsein leert man sich innerlich, ähnlich, wie es bei der fernöstlichen Meditation verlangt wird, und stellt den inneren Dialog ab. Es erscheinen dann Bilder. Sie steigen von innen her in uns auf, genau wie im Schlaftraum. Nur: da ich bei vollem Bewußtsein bin, vermag ich ein Bild, das mich besonders anzugehen scheint, festzuhalten. Wenn das gelingt, versuche ich in dieses Bild mit meinem Bewußtsein hineinzugehen, d. h. ich versuche mich selbst in diesem "Traumbild" zu sehen, so wie ich bin. Es ist dann so, als würde vor meinem inneren Auge ein Doppelgänger erscheinen, der ich bin und auch nicht bin. Auch dies ist eine Erfahrung, die ich im Schlaftraum machen kann. Aber nun ist etwas ganz anders:

Ich gebe gleichsam meinem Doppelgänger mein Bewußtsein und handle nun mit meinem Bewußtsein in der Traumhandlung. Dabei ist wichtig, daß z.B. die Tageszeit im Traum mit der Tageszeit des Träumens übereinstimmt.

Nun kann ich all das handeln und erleben, was dem nicht materiellen Doppelgänger möglich ist zu erleben.

Diese Art des Träumens entspricht genau dem, was als "Aktive Imagination" in die Analytische Psychologie Eingang gefunden hat und in diesem Bereich auch geübt wird, wenn auch nicht mit so weitreichenden Konsequenzen, wie es uns von den Indianern berichtet wird. Die Möglichkeit besteht jedoch! Wer solche Imaginationen erlebt und in ihnen handelt, mit Personen spricht, die sehr viel Ähnlichkeit mit den Verbündeten bei Juan haben, der erfährt das Geschehen dieser anderen Realität als objektiv wahr und erkennt deren Stellenwert als höher als die Realität unserer Alltäglichkeit.

Hier nämlich begegnen dem Krieger die Urbilder des Lebens und der Welt, die C. G. Jung "Archetypen" nennt, deren Abbilder uns in der rational faßbaren Wirklichkeit begegnen und die wir durch die uns überlieferte Beschreibung der Welt geneigt sind für die Urbilder selbst zu halten.

Es geht hier wohl um die gleiche Erfahrung, die Plato schon in seinem "Höhlengleichnis" beschreibt und die sich auch im Christentum findet, wenn nämlich der Zugang zur wirklichen und zeitlosen Welt erst jenseits des Todes für möglich gehalten wird. – Es ist auch hier traurig zu sehen, wie aus dieser Welterfahrung im Laufe kurzer Zeit die Minimierung des Erdenlebens wurde, in der die Erde ein "Jammertal" ist, das man möglichst schnell und ohne wirkliche Anteilnahme durchlaufen sollte, um schnellstens in jene andere Welt überwechseln zu können, in der es kein Leiden mehr gibt! –

DER TRÄUMER

Der Träumer tut gut daran, sich zum Träumen an einen "Ort der Kraft" zu begeben, also an einen Platz, der ihm vertraut ist und an dem er sich gut und stark fühlt.

Auch wir kennen ja dieses Gefühl, daß ein Platz anders erlebt wird als ein anderer:

So suchen viele Menschen z.B. in einem Lokal den Platz, an dem sie sich sicher fühlen. Niemand kann sagen, warum es gerade dieser Platz ist. Es gibt Plätze – auch im Urlaub! –, an denen man sich unsicher und nicht hingehörig fühlt.

Für den Träumer geht es darum, einen Platz zu haben, an den zurückzukehren sein Bewußtsein Lust hat, denn die Verführung, jenseits der Grenze zu bleiben, ist groß. – Darum sollten Psychose- oder Suizidgefährdete derartige Versuche unterlassen! –

Gelingt die Imagination, dann bleibt der Körper des Träumers in absoluter, an Trance erinnernder Ruhestellung. Beobachtet man einen Träumer, so spürt man, daß im Augenblick kein Bewußtsein da ist, daß er vielmehr mit einer völlig anderen Wirklichkeit identifiziert zu sein scheint.

Wichtig ist, daß der Träumer sich, wenn sein Bewußtsein zu seinem Körper zurückkehrt, an alles, was er auf seiner Reise erlebte, erinnert und zu verstehen versucht, was ihm dort widerfuhr.

Den genauen Bericht über diese Reise erwartet nicht nur Juan von Carlos, sondern es ist die Regel bei den Schamanen. (vgl. Schwarzer Hirsch, Über dem tiefen Canyon)

DER GETRÄUMTE

Ist dem Träumer die Identifikation mit seinem "Doppelgänger" gelungen und konnte er mit diesem auf "Reisen" gehen, so erlebt er Dinge, die zwar vorstellbar, aber in der alltäglichen Realität nicht vollziehbar sind.

Der Doppelgänger kann fliegen, Wände hinaufgehen, Riesensprünge machen, durch Wände gehen, Kraftakte vollbringen, Armeen kommandieren, als Kosmonaut in den Weltraum fliegen und vieles mehr.

Im Gegensatz zum "Schlaftraum" ist der Träumer aber für alles verantwortlich, was er in Gestalt seines Doppelgängers tut! Er ist verantwortlich für die Anwendung der überdimensionalen Energien, zu denen der Doppelgänger Zugang hat, weil hier nichts gehemmt oder gelähmt ist, sondern frei zugänglich! So gibt es für ihn auch keine "Tötungshemmung", sondern das Bewußtsein muß die Energien so lenken, daß sie nicht andere Menschen zu Schaden kommen lassen. Der Geträumte nämlich kann andere Menschen besuchen, ohne von ihnen real bemerkt zu werden, kann sie beunruhigen, so daß sie dann beispielsweise von ihm träumen, sie ängstigen oder gar töten. Die Grenze zur schwarzen Magie der Diableros ist hauchdünn.

Wenn andererseits der Besuchte empfangsbereit und ebenfalls ein Brujo ist, so kann er den ihn besuchenden Geträumten sehen und mit ihm reden . . .

So bekommt Carlos den Genaro nur zweimal real zu sehen. Alle anderen Begegnungen sind Begegnungen mit dem Doppelgänger des Genaro. Juan stellt Carlos jedesmal auf den Besuch des Genaro ein, fast so, wie man ein Radio auf die richtige Wellenlänge einstellt, um einen bestimmten Sender zu empfangen. Der Doppelgänger kann weder essen noch trinken, nicht urinieren etc. Aber er kann die Felsen donnern lassen und riesige Brocken in Bewegung setzen. Dies alles sind Möglichkeiten, die wir in der Aktiven Imagination grundsätzlich auch anstreben können.

Nur: Für den, der das Wissen jagen will, sind all diese sensationellen Möglichkeiten völlig unwichtig, denn dem Wissenden geht es nur darum, die Mächte und Kräfte des Nagual kennenzulernen, um von ihnen die Hintergründe der Welt und des Lebens zu erfahren und so zu einer wirklichen Erweiterung des Bewußtseins zu gelangen, in der das Bewußtsein um den unbekannten Teil auch der eigenen Person erweitert wird. Nur so nämlich können beide Teile der Person voneinander wissen und sich miteinander verbinden.

Wir haben es hier mit den Voraussetzungen für das Phänomen zu tun, das C.G. Jung die "Vereinigung der Gegensätze" nennt.

Die Ganzheit des Selbst – das Lebensziel des Kriegers

Das Ziel der gesamten – wie ich es nennen möchte – analytischen Arbeit des Carlos Castaneda bei seinem sehr reifen und wissenden "Analytiker" Don Juan Matus hat nur ein Ziel:

Der Eleve soll zum Bewußtsein der Ganzheit seines Selbst geführt werden! C. G. Jung nennt dieses Ziel die "Individuation", die durch die Erkenntnis der Gegensatzstruktur der Welt und des Menschen und der Vereinigung eben dieser Gegensätze erreicht wird. Damit kommt der Mensch zum Bewußtsein seiner selbst, oder seines "Selbst", nämlich dessen, was er eigentlich und im Tiefsten ist.

Nun ist der Begriff des Selbst in der Analytischen Psychologie ein sehr komplexer und paradoxer und kann darum an dieser Stelle nicht zureichend definiert und beschrieben werden.

Es kann aber andrerseits nicht darauf verzichtet werden, über den religiösen Gehalt dieses Begriffes etwas zu sagen, weil die mit ihm verbundene Anschauung von der Welt und dem Leben der Indianer weithin entspricht:

Jungs Psychologie stimmt darin mit den Aussagen der Indianer überein, daß er wie sie glaubt, daß das Selbst des Menschen "präexistent" ist, d. h., daß es schon vor der Geburt in einem anderen Lebensraum existiert. Das Selbst ist das Urbild dessen, was wir dann in unserer konkreten Person darstellen.

Der Sinn dieser Inkarnation des Selbst in den materiellen, an Zeit und Raum gebundenen Körper liegt darin, daß das Selbst kein Bewußtsein von sich selbst hat, solange es kein Wissen im Sinne der Erfahrung vom Gegensatz der Zeitlosigkeit und Raumlosigkeit der eigenen Lebensweise hat. Nur durch diese Erfahrung einer materiellen Lebensweise vermag das Selbst sich auch seiner eigenen Lebensbezogenheit bewußt werden.

D.h.: der Sinn unseres Lebens ist, unserem Selbst zum Bewußtsein seiner eigenen Ganzheit zu verhelfen. So braucht das Selbst den Menschen, wie der Mensch das Selbst braucht.

Dem entspricht die theologische Aussage, die sich in vielen Schöpfungsmythen, auch in denen der Indianer findet, daß Gott den Menschen braucht, wie der Mensch Gott braucht. Es geht also in jeder religiösen Beziehung eben um die Beziehung zwischen den beiden Seiten, die sich gegenseitig Gegensätze sind. So weit wir erkenntnistheoretisch wissen, scheint dies die einzige Möglichkeit zu sein, um zu Erkenntnis zu gelangen:

Daß die Welt in Gegensätzen unterschieden wird, so daß dialektisches Denken mit Hilfe der Intelligenz geschehen und zu Bewußtsein führen kann.

In der modernen Wissenschaft drückt sich diese Erkenntnis in der Basis der Computerprogramme aus, die in 0 und 1 besteht und also mit Ja und Nein alle Vorgänge erfassen kann, die möglich sind.

Darum glaubt man auch heute, daß die Weltformel auf dieser Basis beruht. Dem entspricht dann dieser Glaube der Indianer, der sich eigentlich in allen Religionen wiederholt, daß der zeitlich-räumlichen Welt, in der der sterbliche Mensch lebt, jene andere Welt gegenübersteht, in der es weder Zeit noch Raum gibt, und daß gerade diese andere Welt und Wirklichkeit uns wirklich ausmacht: die Transzendenz.

Wer das Nagual erfahren hat, weiß, wohin sein Leben zielen soll. Er kann es nicht mehr verschwenden, sondern wird leben müssen, wie einer, der weiß, daß der Tod ihn einholt und ihm die Hand auf die Schulter legt, wenn seine Lebenskraft aufgebraucht ist.

Dann aber – im Sterben – wird es für den Krieger anders sein als für den "gewöhnlichen Menschen":

"Aber deine Sache ist die sterbende Sonne, mattgelb und reif.
Du liebst nicht das Feuer, du liebst die Glut.
Und so wirst du hier auf diesem Gipfel am Ende des Tages in den Tod tanzen! Und in deinem letzten Tanz wirst du von deinem Kampf berichten, von den Schlachten, die du gewonnen hast, und von denen, die du verloren hast:

Du wirst von deinen Freuden und Verwirrungen bei deinen Begegnungen mit der persönlichen Kraft erzählen.
Dein Tanz wird von den Geheimnissen und Wundern erzählen, die du gespeichert hast.
Und dein Tod wird hier sitzen und dich beobachten.
Die sterbende Sonne wird auf dir glühen, ohne dich zu verbrennen, wie sie es heute tat.
Der Wind wird sanft und mild sein, und dein Berggipfel wird erbeben.
Wenn dein Tanz zu Ende geht, wirst du in die Sonne blicken, denn du wirst sie nie wieder, weder im Wachen noch im Träumen sehen, und dann wird dein Tod nach Süden weisen, in die Weite."
(Castaneda, III, 152)

Nachwort

Mir ist völlig bewußt, daß diese Darstellung nur bruchstückhaft sein kann. Die Beweisführung für die Parallelitäten, die sich zwischen dem Glauben der indianischen Schamanen und anderen Religionen und Weltanschauungen ergeben, konnte hier auch nicht annähernd durchgeführt werden, was natürlich auch dem Charakter einer "Kurzfassung" entspricht.

Das, was Castaneda durch die Beschreibung seines Individuationsweges bewirkt hat und bewirkt, ist jedenfalls eine Auseinandersetzung mit den Realitäten, die ihn ungeheuer bewegten und sein ganzes Leben veränderten und die auch uns bewegen und animieren können, unseren Standort in unserer Welt und in unserem Leben neu zu bestimmen und zu korrigieren. Vielleicht vermag diese Darstellung dem einen oder anderen Mitmenschen Mut zu machen, sich auf die Pirsch zu machen, um das Wissen zu jagen.

Thomas Greub

EINE ANDERE ANSICHT DER WELT

Der folgende Bericht behandelt die Lehrzeit des amerikanischen Anthropologen *Carlos Castaneda* bei einem mexikanischen Yaqui-Indianer, Zauberer und Wissenden namens *Juan Matus* oder *Don Juan*, wie ihn Castaneda anzusprechen pflegt.

Castaneda berichtet von einer außergewöhnlichen und bemerkenswerten weltanschaulichen Alternative zu unserer mitteleuropäischen rational-überheblichen Bewußtseinsform mit der ihr eigenen zur Abstrahierung getrimmten Denkweise und den von ihr dogmatisch festgelegten "Lebenswerten" mit ihren Jüngern Zweckdenken, Leistungsprinzip und Zukunftsglauben.

Es geht um die ernsthafte Möglichkeit einer gewaltig merkwürdigen und zugleich existentiell nüchternen Lebensform, wie Don Juan sie praktiziert und Castaneda nahezubringen bemüht ist, die in ihrer Unmittelbarkeit und Intensität effektiven Da-Seins und an Tragweite nicht-göttlich inspirierter Bewußtseinserweiterung und konkreter Selbstverwirklichung beispielsweise die durch Gewohnheit und Routine selbstentfremdete Lebensweise eines normgeschneiderten Bürgers in seiner charakterlichen Panzerung zur Lächerlichkeit degradiert.

Don Juans Darlegung und Lehrweise des "Lebens eines Kriegers" als Grundstein zur Erlangung "der Vollständigkeit seiner Selbst", der dazu unerläßlichen Bedingungen des "Gehens eines Weges mit Herz, des Übernehmens vollständiger Verantwortung für sich und sein Handeln, des Auslöschens der persönlichen Geschichte" etc. sind verblüffend bzw. unter gegebenen Voraussetzungen realistisch und konkret. Konkret deshalb, weil der Weg zur Selbstverwirklichung eines Zauberers und Wissenden, des Erlangens der Vollständigkeit seiner selbst nicht über ein abstraktes Gedankengut, dessen Gerüst völlig auf Annahmen zu beruhen scheint (abendl. Philosophie), sondern über lebenspraktische, realisierbare Aufgaben führt, indem gehandelt und nicht über das Handeln nachgedacht wird.

Laut Don Juan sind wir wahrnehmende, leuchtende Wesen. Die Blase der Wahrnehmung eines leuchtenden Wesens umfaßt 8 Punkte (Wahrnehmungszentren), die die Vollständigkeit unserer selbst ausmachen. Der Durchschnittsmensch kennt davon nur drei, nämlich Verstand, Sprechen und Fühlen. Die "fehlenden", unbewußt, unwirksam gebliebenen fünf Wahrnehmungszentren sind mittels Verstand oder Denken nicht erfaß- oder erlebbar, sondern nur mit dem Körper, der ihre Wirkung als eine Macht oder Kraft, eine Art Gefühl wahrnimmt.

Die Lebensweise eines Kriegers bildet den Körper also zu einem Wahrnehmungsorgan als Ganzes aus, indem der Krieg unabhängig von seinem Verstand persönliche Macht ansammelt. Um persönliche Macht zu erlangen, d.h. den Wirkungen der unbekannten, ungewußten Wahrnehmungszentren zugänglich zu werden, muß der Körper eine andere, neue Beschreibung der Ansicht der Welt von Grund auf lernen.

Nur so kann ein Krieger der Wirkungen des "Willens, Träumens, Sehens", des Tonal und Nagual machtbar werden. Weil also nur *Wirkung* dieser Wahrnehmungszentren mittels des *Willens* über den Körper wahrgenommen werden kann, sind sie unerklärbar, und es ist nur *eine Art, darüber zu reden.*

In diesem Sinne hat die folgende Arbeit ihren Wert einzig in einer "intellektuellen" Synthese von Ordnen und Zusammenfassen der in Castanedas bisherigen fünf Büchern weitläufig und detailliert dargestellten Lernschritte und von ihrer richtigen Bezugsetzung zueinander.

Es geht hier, um es noch einmal klarzustellen, in erster Linie um die Bewußtmachung von sonderbaren Phänomenen unserer Existenz, unseres Selbst, die wir nicht (kaum) kennen, die aber unter gegebenen Voraussetzungen im Bereiche lebbarer Realität liegen. Gerade weil viele der Erfahrungseinheiten und Lerninhalte aus der "Ansicht der Welt eines Zauberers" qualitativ kaum zu beschreiben und nicht zu erklären sind (oder höchstens im subjektiven Empfindungsbereich des einzelnen Castaneda-Lesers liegen), sollen, soweit möglich, Castaneda und Don Juan selbst zu Wort kommen (Textauszüge).

Diese propagandistisch-aufklärende Stellungnahme zum Phänomen der Zauberei unweigerlich auch im Zusammenhang mit Halluzinogenen (Machtpflanzen) als (nicht unbedingt erforderlicher) integrierter Bestandteil der esoterischen Welt mexikanischer

Brujos (Zauberer, Medizinmann, Heiler) will nicht zu irgendwelchen *Drop Outs* animieren, sondern sorgfältig und unvoreingenommen versuchen, an eine magische und unkonventionelle, teilweise gar unglaubliche Ansicht der Welt heranzugehen, von der soviel mehr in unser "zivilisiertes" Leben und unser einseitig konditioniertes Bewußtsein übertragbar und (im Alltag) anzuwenden wäre, als man auf den ersten Blick hin annehmen möchte.

Dies gilt im besonderen für zwei der vier Techniken, die dem "Einstellen des inneren Dialogs" zugrunde liegen, für das "Träumen" und das "Auslöschen der persönlichen Geschichte" mit ihren je drei pragmatischen Begleittechniken, und für die Lehre der "Lebensweise eines Kriegers" (siehe Diagramm und dazugehörenden Erläuterungen).

Die Zahlen unter den Textauszügen bezeichnen die Quellenangaben am Schluß.

Ich erzählte ihm, daß ich von einer Menge Leute Briefe erhalten hätte, die mir mitteilten, daß es verkehrt sei, über meine Lehrzeit zu schreiben. Als einen Präzedenzfall hatten sie die Meister der östlichen esoterischen Doktrinen angeführt, die absolute Geheimhaltung ihrer Unterweisungen verlangten.

"Vielleicht geben sich jene Meister lediglich ihrer Neigung hin, Meister zu sein", sagte Don Juan, ohne mich anzusehen. "Ich bin kein Meister. Ich bin nur ein Krieger. Deshalb weiß ich wirklich nicht, was ein Meister fühlt."

"Aber vielleicht enthülle ich Dinge, die ich nicht enthüllen sollte, Don Juan."

"Es spielt keine Rolle, was man enthüllt oder was man für sich behält. Alles was wir tun, alles was wir sind beruht auf unserer persönlichen Macht. Wenn wir genug davon haben, könnte ein einziges Wort, das zu uns gesprochen wird, ausreichen, um den Lauf unseres Lebens zu ändern. Aber wenn wir nicht genug davon haben, könnte uns das großartigste Stück Weisheit enthüllt werden, und diese Enthüllung würde nicht den geringsten Unterschied bewirken." (1)*

*Der Fischer-Verlag übersetzt "power" nicht mit Macht, sondern mit Kraft.

Die Tradition indianischer Zauberei ist sehr alt und gründet in den Kulturen der Azteken und Tolteken. Die spanischen Eroberer vermochten in vier Jahrhunderten unter der Alibiflagge des Katholizismus diese Kulturen zu zerstören, doch unnahbar blieben ihnen System und Welt der Brujos.

Don Juan: "Man kann sich leicht vorstellen, daß für den armen Durchschnittsindianer die Herrschaft des weißen Mannes die reine Hölle gewesen ist. Die Ironie jedoch liegt darin, daß sie für eine andere Art von Indianern der reine Segen war. Für den Zauberer war die Eroberung eine lebenslange Herausforderung. Sie sind die einzigen, die nicht zerstört worden sind. Im Leben der Indianer gab es Dinge, die für den weißen Mann unbegreiflich waren. Diese Dinge hat er nicht einmal bemerkt."(2)

Kurz gesagt beschreiben Castanedas Bücher, wie ein amerikanischer Rationalist langsam und gewissenhaft in die Praktiken indianischer Zauberkunst eingeführt wird.

Das erste Treffen zwischen Castaneda und Juan Matus fand 1960 in einem staubigen Busbahnhof in Arizona nahe der mexikanischen Grenze statt. Castaneda beabsichtigte, in Mexiko bei einheimischen Indianern Informationen über Heilpflanzen, insbesondere Peyote, zu sammeln.

Der alte Mann schüttelte langsam seinen Kopf und – ermutigt durch sein Schweigen – fügte ich hinzu, daß es sich zweifellos für uns lohnen würde, zusammenzukommen und über Peyote zu reden. In diesem Augenblick hob er den Kopf und sah mir offen in die Augen. Es war ein ungeheuerlicher Blick. Dennoch war er in keiner Weise drohend oder furchteinflößend. Es war ein Blick, der durch mich hindurch ging, ich war auf der Stelle unfähig, noch ein einziges Wort hervorzubringen, und mußte meine großartige Rede über mich selbst abbrechen. Das war das Ende unseres Treffens. Trotzdem ließ er mir noch ein Fünkchen Hoffnung. Er sagte, daß ich ihn vielleicht eines Tages in seinem Haus besuchen könnte. (3)

Nach einem Jahr, in dem sich ihre Freundschaft gefestigt hatte, erklärte Don Juan, daß er ein Brujo sei und daß er beschlossen habe, Castaneda sein Wissen weiterzugeben. Die folgenden vier Jahre seiner Lehrzeit als Zauberlehrling bei Don Juan beschrieb Castaneda in seinem Erstling "The Teachings of Don Juan".

1971 erschien sein zweites Buch "A Seperate Reality".

In der Einleitung zum dritten Band "Journey to Ixtlan" (1972) rückt Castaneda seine beiden ersten Bücher in ein anderes Licht, indem er die Schwerpunkte der Lehren Don Juans neu setzt:

Meine grundlegende Annahme in beiden Büchern war, daß die Zustände außergewöhnlicher Realität, hervorgerufen durch die Einnahme psychotroper Pflanzen, die wesentlichen Stationen beim Versuch, ein Zauberer zu werden, seien.
In dieser Hinsicht war Don Juan Experte im Gebrauch dreier solcher Pflanzen:
Datura inoxia, allgemein bekannt als Jimsonkraut (oder Teufelskraut).
Lophophora williamsii, bekannt als Peyote (Mescalin) und ein halluzinogener Pilz der Art Psilozybin (der kleine Rauch).
Meine Wahrnehmung der Welt unter Einfluß dieser psychotropen Pflanzen war so bizarr und eindrucksvoll gewesen, daß ich zu der Annahme gezwungen war, solche Zustände seien der einzige Weg, das, was Don Juan mich lehren wollte, zu erfahren und zu verstehen.
Diese Annahme war irrig.
Um meine Argumentation deutlich machen zu können, muß ich zuerst die Prämissen für Zauberei erklären, die Don Juan mir geliefert hat. Er sagte, daß die Welt des alltäglichen Lebens für einen Zauberer nicht wirklich sei, oder zumindest anders sei, als wir sie sähen. Für einen Zauberer ist die Realität, bzw. die Welt, die wir alle kennen, lediglich eine Beschreibung.
Um diese Prämisse zu erhärten, richtete Don Juan sein Bemühen darauf, mich zu der ursprünglichen Überzeugung zu bringen, daß das, was ich für die greifbare Welt hielt, lediglich eine Beschreibung der Welt sei, eine Beschreibung, die vom Augenblick meiner Geburt an in mich eingemeißelt worden war. Er wies darauf hin, daß jeder, der mit einem Kind in

Berührung kommt, ein Lehrer ist, der ihm solange unablässig die Welt beschreibt, bis das Kind fähig ist, sie so wahrzunehmen, wie sie beschrieben worden ist. Don Juan zufolge haben wir keine Erinnerung an diesen unheilvollen Augenblick, einfach deshalb, weil keiner von uns möglicherweise einen Bezugspunkt haben kann, von dem aus er vergleichen könnte.

Jedenfalls ist das Kind von diesem Moment an ein Mitglied. *Es kennt die Beschreibung der Welt – und seine Mitgliedschaft wird in dem Moment endgültig, wenn es fähig wird, all die besonderen Interpretationen seiner Wahrnehmung zu liefern, die, in Übereinstimmung mit der Beschreibung, sie bestätigen.*

Für Don Juan besteht demzufolge die Realität unseres täglichen Lebens aus einem Fluß von Interpretationen der Wahrnehmung. Alle Mitglieder *haben gelernt, diese Interpretationen zu liefern.*

Die Idee, daß die Interpretationen der Wahrnehmung, die die Welt entstehen lassen, im Fluß sind, stimmt mit der Tatsache überein, daß sie ohne Unterbrechungen fortschreiten und selten – wenn überhaupt – in Frage gestellt werden. Tatsächlich wird die Realität der uns bekannten Welt als so sicher hingestellt, daß die Prämisse der Zauberei, unsere Welt sei nur eine von vielen möglichen Beschreibungen, schwerlich als ernsthafte Vorstellung angesehen werden kann. (4)

"Möchtest du wissen, was ich am Tag unseres ersten Zusammentreffens gemacht habe? Ich sah *dich, und ich* sah, *daß du dachtest, du würdest mich anlügen. Aber du hast mich nicht wirklich angelogen."*

Ich sagte ihm, daß seine Erklärungen mich nur noch mehr verwirrten. Er antwortete, das sei genau der Grund dafür, daß er seine Handlungen nicht erklären wolle und daß Erklärungen überflüssig seien. Er sagte, daß das einzig Wichtige Handeln sei – Handeln anstelle von Reden. (5)

"Dein Freund ist kein Krieger. Wenn er einer wäre, wüßte er, daß es nichts Schlimmeres gibt, als wenn sich Menschen aneinander reiben." (6)

"Du fühlst dich immer genötigt, deine Handlungen zu erklären, als seiest du der einzige Mensch auf der Erde, der Fehler macht.
Das ist ein Gefühl der Wichtigkeit. Du hast zuviel davon. Du hast auch zuviel persönlicher Geschichte. Auf der anderen Seit übernimmst du keine Verantwortung für deine Handlungen, du benützt nicht deinen Tod als Ratgeber, und vor allem bist du zu erreichbar." (7)

Nachdem Castaneda im Mai 71 es vollbracht hatte, die *Welt anzuhalten* und zu *sehen* (letzte drei Kapitel "Journey to Ixtlan"), folgt eine Unterbrechung der Lehren für rund ein halbes Jahr. Im Herbst trafen sich Castaneda und Don Juan erneut in Sonora. Hier beginnt Castanedas viertes Buch "Tales of Power", das 1974 erschienen ist. Zu Beginn des Buches eröffnet Don Juan Castaneda, daß es Zeit sei, nachdem er schon einige Aufgaben der Zauberei vollbracht habe, auf die Quelle von allem, was von Bedeutung ist, zu sprechen kommen: *die Vollständigkeit seiner selbst.*

In diesen bisher bedeutungsvollsten Aufzeichnungen Castanedas bricht ein in sich klares und konsequentes System der Lehren Don Juans – die magische Szenerie der Zauberei strahlend erhellend – eindrücklich durch, das es erstmals ermöglicht, eine echte Zielsetzung in Don Juans Vorgehen seit Beginn der Lehrzeit zu erkennen, und das den gewaltigen Hintergrund dieser merkwürdigen magischen Welt der Zauberer und Wissenden respektwürdig ahnen läßt. Don Juan erläutert Castaneda die beiden letzten Punkte auf der Blase der Wahrnehmung, das *Tonal* und das *Nagual. Die Erklärung des Zauberers* bildet den Höhepunkt in den Unterweisungen Don Juans.

Die Schlußszene von "Tales of Power" des Sprungs in den Abgrund sei Ende der Unterweisungen für alle Schüler Don Juans und Don Genaros und zugleich Abschied der beiden vom im Tonal Wahrnehmbaren dieser Welt. Sie gingen, wohl für immer, ins Nagual.

Vor diesem Sprung hatte Don Juan mit ein grundlegendes Prinzip all dessen erläutert, was mir widerfahren sollte. Nach dem Sprung in den Abgrund, so sagte er, würde ich reine Wahrnehmung sein und mich zwischen den beiden wesentlichen Bereichen aller Schöpfung hin und her bewegen, zwischen dem Tonal und dem Nagual. (28)

Zwei Jahre später nach sorgfältiger Analyse der Ereignisse und der Umstände dieses Sprungs kehrte Castaneda nach Mexiko zurück, um mit Don Genaros Schülern Pablito und Nestor darüber zu sprechen. Er war damals zusammen mit Pablito gesprungen. Nestor war Zeuge gewesen. Castaneda schreibt im Vorwort zu seinem 1977 erschienenen fünften Buch "The Second Ring of Power":

Aber was mir auf dieser Reise widerfuhr, läßt sich nicht anders beschreiben, als daß es ein letzter Schlag gegen meine Vernunft war, eine konzentrierte Attacke, von Don Juan selbst ersonnen und ins Werk gesetzt. Wie von ihm aus der Ferne gesteuert, zerstörten seine Schüler binnen weniger Tage ganz methodisch und präzise die letzte Bastion meiner Rationalität. In diesen paar Tagen offenbarten sie mir einen der beiden praktischen Aspekte ihrer* *Zauberei, nämlich die Kunst des "Träumens", das das zentrale Thema dieses Buches ist. Die Kunst des "Pirschens", der andere praktische Aspekt ihrer Zauberei und zugleich der krönende Abschluß von Don Juans und Don Genaros Lehren, wurde mir bei anschließenden Besuchen vorgeführt. Es war der bei weitem komplizierteste Aspekt ihres irdischen Daseins als Zauberer. (29)*

*Die Auseinandersetzung mit ihnen (Dona Soledad, Lidia, Josefina und Rosa)*** versetzte mich in einen Bereich, den ich mit Hilfe meiner Vernunft nicht mehr begreifen oder akzeptieren konnte. Don Juan hatte mir immer wieder gesagt, daß meine Vernunft nur einen sehr kleinen Teil dessen erfassen könne, was er die Ganzheit des Selbst nannte. Unter dieser Einwirkung der unbekannten und doch ganz realen Gefahr physischer Vernichtung mußte mein Körper auf seine verborgenen Reserven zurückgreifen – oder ich war des Todes. Der Trick bestand darin, allen Ernstes die Möglichkeit*

* Vom Verfasser unterstrichen.

** Dieses und alles Folgende in Klammern in den Zitaten ist vom Verfasser eingeschoben.

zu akzeptieren, daß diese Reserven existierten und erschlossen werden konnten. All die Jahre des Lernens waren nur Schritte hin zum Akzeptieren dieser Tatsache gewesen. Getreu seinem Prinzip, niemals Kompromisse zu schließen, hatte Don Juan alles auf totalen Sieg oder totale Niederlage angelegt. Falls es mir nun trotz jahrelangem Training nicht gelungen wäre, diese verborgenen Reserven zu erschließen, dann hätte die Prüfung dies an den Tag gebracht, und ich hätte kaum etwas dagegen unternehmen können. (30)

Zum ersten Mal erfährt Castaneda, daß Don Juan außer ihm und Eligio noch vier indianische Schülerinnen gehabt hatte. Das Omen bestimmte die Reihenfolge ihrer Auserwähltheit: Lidia, kurz danach Castaneda, drei Jahre später Josefina, ein Jahr später Elena "La Gorda", ein Jahr später Eligio und einen Monat darauf Rosa.

Castaneda erkennt, daß Don Juan mit den vier Frauen einen anderen Weg eingeschlagen hatte, um sie zu lehren, den inneren Dialog einzustellen. Anstelle des Einnehmens von Machtpflanzen, die die vier Frauen offenbar nicht benötigten, und neben dem "Einstellen des inneren Dialogs" als der wohl wichtigsten Technik der Zauberei zusammen mit dem "Träumen", um "sehen" zu lernen und "vollständig" zu werden, lehrte Don Juan sie "gaffen".

Aufgrund der Machtdemonstrationen der 4 Frauen erkennt Castaneda, wie sehr sein Verstand mit dem zwanghaften Hang zum formulierbaren Begreifen immer noch sein Handeln blockiert, ohne Druck von außen Zauberei und "Wissen" in die Praxis umzusetzen, mit anderen Worten den "zweiten Ring der Macht", die "zweite Aufmerksamkeit für das Nagual" einzusetzen.

"He", sagte er lächelnd und guckte mich an. "Was ist eigentlich mit deiner blonden Freundin los? Dieses Mädchen, das du einmal wirklich gemocht hast."
Ich mußte ihn wie ein totaler Idiot angesehen haben. Er lachte herzhaft. Ich wußte nicht, was ich sagen sollte.
"Du hast mir von ihr erzählt", versicherte er mir. Aber ich konnte mich nicht erinnern, ihm jemals von jemandem erzählt zu haben, schon gar nicht von einem blonden Mädchen.
"Ich habe dir gegenüber nie etwas Derartiges erzählt", sagte

ich.
"Natürlich hast du", sagte er, das Argument kurzerhand abtuend.
Ich wollte protestieren, aber er unterbrach mich und sagte, es sei nicht wichtig, wie er davon erfahren habe. Wichtig sei nur, daß ich sie gern gehabt hätte. Ich spürte, wie in mir eine Welle von Feindseligkeit gegen ihn hochkam.
"Mach keine Ausflüchte", sagte Don Juan trocken. "Dies ist eine Zeit, in der du aufhören solltest, dich so wichtig zu nehmen. Du hattest einmal eine Frau, eine sehr liebe Frau, und dann hast du sie eines Tages verloren."
Ich sagte ihm, er habe recht. Es hatte ein sehr bedeutendes Mädchen in meinem Leben gegeben.
"Warum ist sie nicht mehr mit dir zusammen?" fragte er.
"Sie ging weg."
"Warum?"
"Es gab viele Gründe dafür."
"Es gab nicht so viele Gründe. Es gab nur einen. Du hast dich zu erreichbar gemacht."
Ich wollte wirklich wissen, was er meinte. Er hatte wieder einen wunden Punkt bei mir berührt. Es schien ihm klar zu sein, wo er mich getroffen hatte, und er schürzte die Lippen, um ein schadenfrohes Lächeln zu verbergen.
"Jeder hat über euch Bescheid gewußt", sagte er mit voller Überzeugung.
"War das falsch?'
"Es war tödlich falsch."
Ich erklärte, daß mir sein im Dunkeln Fischen verhaßt sei, besonders die Tatsache, daß seine Feststellungen immer so klangen, al sei er dabei gewesen und habe alles gesehen.
"Aber es stimmt", sagte er mit entwaffnender Aufrichtigkeit. "Ich habe alles gesehen. *Sie war ein guter Mensch."*
Ich sagte, daß das fragliche Mädchen kein so guter Mensch, daß sie ziemlich labil gewesen sei.
"Du bist labil. Aber das ist nicht wichtig. Es zählt nur, daß du überall nach ihr gesucht hast. Das macht sie zu einem besonderen Menschen in deiner Welt, und für einen besonderen Menschen sollte man nur gute Worte haben. Ich habe dir die-

sen Menschen nur deshalb ins Gedächtnis zurückgerufen, um dir zu zeigen, was ich dir mit dem Wind nicht zeigen konnte. Du hast sie verloren, weil du zu erreichbar warst. Du bist immer in ihrer Nähe gewesen, und dein Leben war reine Routine."

"Nein", sagte ich. "Das stimmt nicht. Mein Leben war nie Routine."

"Es war und ist Routine", sagte er dogmatisch. "Es ist ungewöhnliche Routine, und das erweckt in dir den Eindruck, es sei keine Routine. Ich kann dir aber versichern, daß es Routine ist." (19)

Die acht Punkte, die die Vollständigkeit unserer Blase der Wahrnehmung ausmachen

Verstand

"Wir, die leuchtenden Wesen, sind mit zwei Ringen der Macht geboren, aber wir benutzen nur einen, um die Welt zu schaffen. Der Ring, der sehr bald nach unserer Geburt angehängt wird, ist Verstand, und sein Begleiter ist Sprechen. Zwischen sich hecken die beiden die Welt aus und erhalten sie aufrecht.

So ist im wesentlichen die Welt, die dein Verstand aufrechterhalten will, eine Welt, die durch eine Beschreibung und ihre dogmatischen und unantastbaren Regeln geschaffen ist und die der Verstand lernt anzunehmen und zu verteidigen."

"Wille"

"Das Geheimnis der leuchtenden Wesen ist, daß sie einen anderen Ring der Macht haben, der niemals benutzt wird, den 'Willen'. Der Trick des Zauberers ist der gleiche, den der Durchschnittsmensch anwendet. Beide haben eine Beschreibung. Die eine hält der Durchschnittsmensch mit seinem Verstand aufrecht, die andere der Zauberer mit seinem 'Willen'. Beide Beschreibungen haben ihre Regeln, und die Regeln sind erkennbar, aber die Überlegenheit des Zauberers besteht darin, daß der Wille unangreifbarer ist als der Verstand."

"Wille" war ein Begriff, den Don Juan mit großer Sorgfalt entwickelt hatte, ohne ihn jedoch zu erklären. "Wille" ist eine Kraft, die von der Bauchregion durch eine unsichtbare Öffnung unterhalb des Nabels ausstrahlt. "Wille" entwickelt sich in einem Krieger trotz aller Opposition des Verstandes und wird angeblich nur von Zauberern entwickelt. Der Körper muß vollkommen sein, ehe der "Wille" eine wirksame Einheit wird. (8)

Sprechen

"Worte bringen uns immer dazu, uns erleuchtet zu sehen, zu fühlen, aber wenn wir uns umsehen, um die Welt zu betrachten, lassen sie uns immer im Stich, und wir enden damit, die Welt zu betrachten, wie wir es immer taten, ohne Erleuchtung. Aus diesem Grunde sucht der Zauberer eher das Handeln als das Sprechen. Auf diese Weise erhält er eine neue Beschreibung der Welt, in der Sprechen nicht von solcher Wichtigkeit ist und wo neue Gedanken neue Gefühle hervorbringen." (9)

Fühlen

"Es gibt einige Leute, die sehr vorsichtig und bedacht handeln. Ihr Glücksgefühl entspringt dem wirklichen Wissen, daß sie nicht unbegrenzt Zeit haben, wenn sie handeln. Deshalb hat ihr Handeln eine besondere Kraft, ein Gefühl . . . " (8)

"Träumen"

"Träumen" bedeutet, eine so weitgehende Kontrolle über seine Träume zu entwickeln, daß die Erfahrungen, die man in ihnen macht, die gleiche praktische Bedeutung annehmen wie solche, die man in seinen wachen Stunden durchlebt. Es ist Annahme des Zauberers, daß unter der Einwirkung des "Träumens" die gewöhnlichen Merkmale, in denen sich Traum und Realität unterscheiden, unwirksam werden. Don Juans Praxis des "Träumens" bestand darin, daß man seine Hände im Traum finden und sehen könnte, einfach, indem man träumte, daß man sie in Augenhöhe hob. Nach Jahren erfolgloser Versuche hatte ich schließlich diese Aufgabe vollendet. Rückblickend war mir deutlich geworden, daß ich erst erfolgreich wurde, nachdem ich eine gewisse Kontrolle über die Welt meines Alltagslebens gewonnen hatte. Die Erklärung des Zauberers, wie man ein Thema zum "Träumen" auswählt, ist die, daß ein Krieger mit Bedacht ein Bild in seinem Bewußtsein festhält, während er seinen inneren Dialog zum Stillstand bringt. (9)

Don Genaro: "Aber ein paar Monate später schlief ich nach einem schrecklich ermüdenden Tag wie ein Klotz am frühen Nachmittag ein. Es hatte gerade begonnen zu regnen, und eine lecke Stelle im Dach weckte mich auf. Ich sprang aus dem Bett und kletterte auf das Dach des Hauses, um das Loch zu stopfen, bevor es zu gießen begann. Ich fühlte mich so prächtig und stark, daß ich es in einer Minute schaffte und nicht einmal naß wurde. Ich dachte, daß das Nickerchen mir gut getan hatte. Als ich fertig war, ging ich zurück in das Haus, um etwas zu essen, und dann bemerkte ich, daß ich nicht schlucken konnte. Ich dachte, ich sei krank. Ich zerdrückte ein paar Wurzeln und Blätter und legte sie um meinen Nacken und ging zu meinem Bett. Und wieder verlor ich fast meine Hosen, als ich an das Bett kam. Ich war da, im Bett, schlafend: Ich wollte mich schütteln und aufwecken, aber ich wußte, daß das nicht gerade angebracht war. So rannte ich aus dem Haus. Ich war mit Panik geschlagen. Ich streifte ziellos durch die Berge. Ich hatte keine Vorstellung, wohin ich ging, und obwohl ich mein ganzes Leben dort verbracht hatte, verirrte ich mich. Ich lief im Regen und spürte es nicht einmal. Es schien, als ob ich nicht denken konnte. Dann wurden die Blitze und der Donner so stark, daß ich wieder erwachte." Er hielt einen Moment inne. "Möchtest du wissen, wo ich aufgewacht bin?" fragte er mich. "Sicherlich", antwortete Don Juan. "Ich wachte im Regen in den Bergen auf", sagte er. (10)

"Sehen"

Seit Beginn meiner Lehrzeit hatte Don Juan mir die Vorstellung des "Sehens" als eine besondere Fähigkeit dargestellt, die einem erlauben würde, die "endgültige" Natur der Dinge zu erfassen. Während der Jahre unseres Zusammenseins hatte ich die Vorstellung entwickelt, daß das, was er mit "Sehen" meinte, ein intuitives Ergreifen der Dinge sei, oder die Fähigkeit, die menschlichen Handlungen zu durchschauen und verborgene Ansichten und Antriebe zu entdecken. "Sehen" geschieht nur, wenn ein Krieger in der Lage ist, seinen inneren Dialog anzuhalten. (9)

"Am Anfang ist 'Sehen' undurchsichtig, und man kann sich leicht darin verlieren. Wenn ein Krieger jedoch fester wird, dann wird sein 'Sehen' zu dem, was es sein sollte, einem unmittelbaren Wissen."

Das Tonal

Das Tonal ist der Organisator der Welt. Zauberer behaupten, daß alles, was wir Menschen wissen und tun, die Arbeit des Tonal ist. Ohne dieses gäbe es nur wirre Geräusche und Grimassen. – Das Tonal ist alles, was wir kennen. Man kann sagen, daß das Tonal alles umfaßt, was auf das Auge einwirkt. – Das Tonal macht die Welt, weil es sie entsprechend den Regeln des Tonal bezeugt und bewertet. Auf sehr seltsame Weise ist das Tonal ein Schöpfer, der kein Ding erschafft. Mit anderen Worten: das Tonal stellt die Regeln auf, mit denen es die Welt wahrnimmt. Auf diese Weise erschafft es im Sinne des Sprechens die Welt. Es existiert für jeden von uns ein persönliches Tonal, und zu jeder gegebenen Zeit gibt es ein kollektives Tonal für uns alle, das wir das Tonal der Zeiten nennen können. Das Tonal ist alles, wovon wir annehmen, daß es die Welt bildet, einschließlich Gott. Gott hat lediglich die Bedeutung, Bestandteil des Tonal unserer Zeit zu sein. (12)

> *Es scheint etwas Unechtes zu sein in jedem Versuch, mich zu definieren, völlig ehrlich zu sein.*
> *Ich kann nicht ehrlich sein, weil ich nicht total weiß, wer ich bin.*
> *Das Bewußtsein schaut aus einem Zentrum, das es selbst nicht sehen kann – und das ist der Kern der Sache.*
>
> *Alan W. Watts*

Was hat es zur Folge, einen Menschen als Tonal zu sehen? Man hört auf, ihn im moralischen Sinn zu beurteilen, oder ihn mit der Begründung zu entschuldigen, daß er wie ein Blatt sei, das der Willkür des Windes ausgeliefert ist.

Es gehören, grob gesprochen, zu jedem Tonal zwei Seiten. Eine ist der äußere Teil, die Umrandung, die Oberfläche der Insel. Das ist der Teil, der mit Handlung und Handeln zu tun hat, die rauhe Seite. Der andere Teil ist Entscheidung und Beurteilung, das innere Tonal. Es ist weicher, sanfter und vielseitiger. Das einwandfreie Tonal ist ein Tonal, bei dem beide Ebenen völlig ausgewogen und harmonisch sind. Nur ein Krieger kann ein einwandfreies Tonal haben. Der Durchschnittsmensch hat im besten Fall ein "richtiges" Tonal. (13)

Das Nagual

"Das Nagual ist nicht Erfahrung oder Intuition oder Bewußtsein. Solche Begriffe und alles, was du sonst noch sagen möchtest, sind Gegenstände auf der Insel des Tonal. Das Nagual endet nie, es hat keine Grenze. Das Nagual ist dort, wo Macht schwebt. Wegen seiner Wirkung kann es am ehesten in Begriffen der Macht verstanden werden. (13)

Der 'Wille', der aus der Mitte des Körpers kommt, ist eine einzige leuchtende Faser, die Straße zum Nagual. (14)

Die Ereignisse des Nagual können nur mit dem Körper erfahren werden, nicht mit dem Verstand. Das Nagual ist nur Wirkung. (11)

Mein Vorteil dir gegenüber ist in diesem Augenblick, daß ich weiß, wie man zum Nagual gelangt, und du nicht. Aber wenn ich einmal dort angelangt bin, habe ich keinen Vorteil und auch kein größeres Wissen dir gegenüber. Alles was ich weiß, ist, daß das Nagual in der Lage ist, unvorstellbare Taten zu vollbringen." (15)

> *"Schrecken macht nie etwas kaputt. Das einzige, was den Geist kaputt macht ist, wenn dir ständig jemand im Nacken sitzt, (dich schlägt) und dir sagt, was du zu tun und zu lassen hast."*
> *(Don Juan)*

Don Juan und Don Genaro kamen zu mir, hockten sich neben mich und fuhren damit fort, in meine Ohren zu flüstern. Jeder sagte etwas anderes. Trotzdem hatte ich keine Schwierigkeiten, ihren Befehlen zu folgen. Es war, als würde ich gespalten in dem Augenblick, als sie ihre ersten Worte aus-

sprachen. Don Genaro ließ mich herumwirbeln, und dann hatte ich einen Moment lang die völlig bewußte Empfindung, mich zu drehen oder zu schweben. Als nächstes rauschte ich durch die Luft und fiel mit unglaublicher Geschwindigkeit zu Boden. Als ich fiel, spürte ich, wie meine Kleider weggerissen wurden, dann fiel mein Fleisch ab, und zuletzt blieb nur noch mein Kopf übrig. Ich hatte die sehr klare Empfindung, daß ich mein überflüssiges Gewicht verlor . . . Dann wurde alles Gewicht von meinem Kopf abgestreift, und was von "mir" übrigblieb, war ein Kubikzentimeter, ein Korn, ein winziger, kieselartiger Rest. Mein ganzes Gefühl konzentrierte sich darin. Dann schien das Korn zu bersten, und ich war in tausend Stücken. Ich wußte, oder irgend etwas wußte irgendwo, daß ich der tausend Stücke gleichzeitig bewußt war. Ich war die Bewußtheit selbst. Dann wurde ein Teil dieser Bewußtheit aufgerührt. Er erhob sich und wuchs. Er wurde örtlich festgelegt, und nach und nach erlangte ich das Gefühl der Abgrenzung wieder. Plötzlich ergoß sich das "Ich", das ich kannte und mit dem ich vertraut war, in die atemberaubendste Schau aller vorstellbaren Kombinationen von "schönen" Bildern. Es war, als ob ich auf tausend Bilder der Welt sähe, auf Menschen, auf Dinge.

Dann wurden die Szenen verschwommen. Ich hatte die Empfindung, daß sie mit größerer Geschwindigkeit vor meinen Augen vorbeizogen, bis ich keine der Szenen mehr herausgreifen konnte, um sie zu betrachten. Schließlich war es so, als ob ich den Aufbau der Welt erleben würde, der vor meinen Augen in einer ungebrochenen, endlosen Kette abrollte. Plötzlich stand ich wieder mit Don Juan und Don Genaro auf der Klippe. Sie flüsterten, daß sie mich zurückgezogen hätten und daß ich das Ungewußte, worüber niemand sprechen könne, erfahren hätte.

Während einer dieser Ausflüge in ein zusammenhängendes Bild fand ich mich selbst auf der Klippe mit Don Juan wieder. Sofort erkannte ich jetzt, daß ich wieder das vollständige "Ich" war.

Don Juan drückte mich wie ein Kind an sich. Er sah mich

an. Sein Gesicht war sehr nahe. Ich konnte in der Dunkelheit seine Augen sehen. Sie waren freundlich. Es schien eine Frage darin zu liegen. Das Unaussprechbare war wirklich *unaussprechbar. "Nun", fragte er sanft, als brauche er meine Bestätigung. Ich war sprachlos. Die Worte taub, befremdet, verwirrt waren in diesem Moment in keiner Weise angemessene Beschreibungen meiner Gefühle. Ich war nicht fest. Ich wußte, daß Don Juan mich packen und fest auf den Boden drücken mußte, sonst hätte ich mich in die Luft erhoben und wäre verschwunden. Ich hatte keine Angst, mich aufzulösen. Ich sehnte mich nach dem "Ungewußten", wo mein Bewußtsein noch nicht vereinheitlicht war. (16)*

"Die menschliche Form, so sagte der Nagual, ist eine Kraft", erklärte sie (La Gorda). "Und die menschliche Gestalt ist . . . naja . . . eine Gestalt. Alles, sagte er, hat eine besondere Gestalt, Tiere haben Gestalt, Pflanzen haben Gestalt, Würmer haben Gestalt."

(. . .) Don Juan erklärte mir (Castaneda) daraufhin, ich sei beim "Träumen" der menschlichen Gestalt begegnet. Er erklärte mir, daß die Zauberer einen Weg des "Träumens" kennen, der sie zu dieser Gestalt führt; er sagte, daß diese Gestalt eindeutig eine Wesenheit sei – eine Wesenheit, die manche von uns zu gewissen Zeiten sehen könen, wenn sie von Macht erfüllt sind, und die wir alle natürlich im Augenblick unseres Todes sehen. Er schilderte die menschliche Gestalt als die Quelle, den eigentlichen Ursprung des Menschen, denn ohne diese Gestalt, die die Lebenskraft zusammenhält, sei es dieser Kraft unmöglich, sich in Gestalt des Menschen zu sammeln. (. . .) "Was ist dann die menschliche Form?"

"Ein klebriges Etwas, eine zähe Kraft, die uns Menschen zu dem macht, was wir sind. Der Nagual sagte, daß die menschliche Form formlos ist. Ähnlich wie die Verbündeten, die er in seiner Kalebasse trug, ist sie alles mögliche, aber obwohl sie formlos ist, hält sie uns unser Leben lang gefangen und verläßt uns nicht, bis wir sterben.

(. . .) Was du vor allem tun mußt, ist, deine menschliche

Form zu verlieren.
(. . .) Ich habe die menschliche Form nie gesehen, aber ich habe sie in meinem Körper gespürt."
"Hast du jemals die Gestalt gesehen, Gorda?" fragte ich.
"Gewiß! Als ich wieder vollständig wurde. Eines Tages ging ich allein zu diesem trockenen Wasserloch, und da war sie. Sie war ein hell strahlendes Wesen. Ich konnte sie nicht anschauen. Sie blendete mich. Aber es genügte mir schon, in ihrer Gegenwart zu sein. Ich fühlte mich glücklich und stark. Nichts anderes zählte daneben, nichts. Einfach da sein, das war alles, was ich wollte. Der Nagual sagte, daß wir manchmal, wenn wir genug persönliche Macht haben, eine Ahnung von der menschlichen Gestalt erhaschen können, auch wenn wir keine Zauberer sind; wenn dies geschieht, dann sagen wir, wir hätten Gott gesehen. Wenn wir es Gott nennen, sagte er so ist dies die Wahrheit: die Gestalt ist – Gott.
(. . .) Der Nagual sagte, daß ein Krieger, wenn er genügend Macht hat, die menschliche Gestalt viele, viele Male 'sehen' kann. Welch ein großes Glück muß das sein!" (33)

Struktureller Aufbau der Lehren Don Juans
Erläuterungen zum Diagramm auf den Seiten 94 und 95

EINSTELLEN DES INNEREN DIALOGS

Um die Ansicht der Welt anzuhalten, die man seit der Wiege aufrechterhält, genügt es nicht, einfach zu wünschen oder sich zu entscheiden. Man benötigt eine praktische Aufgabe. (17)

"Ich kann wirklich nicht einsehen, warum du so einen Lärm davon machst", sagte Don Juan. "Immer wenn der innere Dialog anhält, bricht die Welt zusammen und außerordentliche Seiten von uns werden sichtbar, obwohl sie schwer von unseren Worten bewacht worden sind. Du bist so wie du bist, weil du dir selbst erzählst, daß du so bist."(1)

"Wie du weißt", sagte er, "ist das Hauptproblem der Zauberei der innere Dialog. Er ist der Schlüssel zu allem. Wenn ein Krieger lernt, ihn anzuhalten, wird alles möglich. Der Durchgang zu all den unheimlichen und schauerlichen Erfahrungen, die du kürzlich gehabt hast, war die Tatsache, daß du aufhören konntest mit dir selber zu sprechen."(8)

Don Juan hatte mir immer wieder versichert, die Hauptsache an seiner Zauberei sei das Abstellen des inneren Dialogs. Im Hinblick auf das, was la Gorda mir über die zwei Seiten der Aufmerksamkeit erklärt hatte, war das Anhalten des inneren Dialogs nichts anderes als eine praktische Beschreibung für das Ablösen der Aufmerksamkeit vom Tonal. (31)

> *"Alles was ich dir gesagt habe, war eine Methode, die Welt anzuhalten."(5)*

Die fünf wichtigsten Techniken, um den inneren Dialog anzuhalten:

RICHTIGE ART ZU GEHEN

Don Juan behauptete, daß mein normaler Gang kraftraubend sei und daß man nie etwas in den Händen tragen sollte. Wenn es notwendig sei, etwas mitzunehmen, genüge irgend ein Ruck- oder Schultersack.(18)

"Erst vor ganz kurzer Zeit dämmerte es dir, daß dies der wirkungsvollste Weg ist, um den inneren Dialog anzuhalten."

"Wie wird durch die richtige Art zu gehen der innere Dialog angehalten?"

"Durch das Gehen auf diese Weise wird das Tonal zufriedengestellt. Das Tonal wird überflutet. Die Aufmerksamkeit des Tonal muß auf seine eigenen Schöpfungen gelenkt werden. Tatsächlich ist es diese Aufmerksamkeit, die an erster Stelle die Ordnung der Welt schafft. Deshalb muß das Tonal die Elemente seiner Welt beachten, um sie zu bewahren und vor allem die Ansicht der Welt als inneren Dialog aufrechtzuerhalten.

Der Krieger überflutet buchstäblich sein Tonal mit Informationen, indem der, ohne seine Augen direkt auf etwas zu richten, auf jeden Punkt eines Bogens sieht, der bei den Fußspitzen beginnt und über dem Horizont endet.

Das Tonal ist ohne seine Punkt-zu-Punkt-Beziehung mit den Elementen seiner Beschreibung unfähig, mit sich selbst zu sprechen und wird auf diese Weise still."(17)

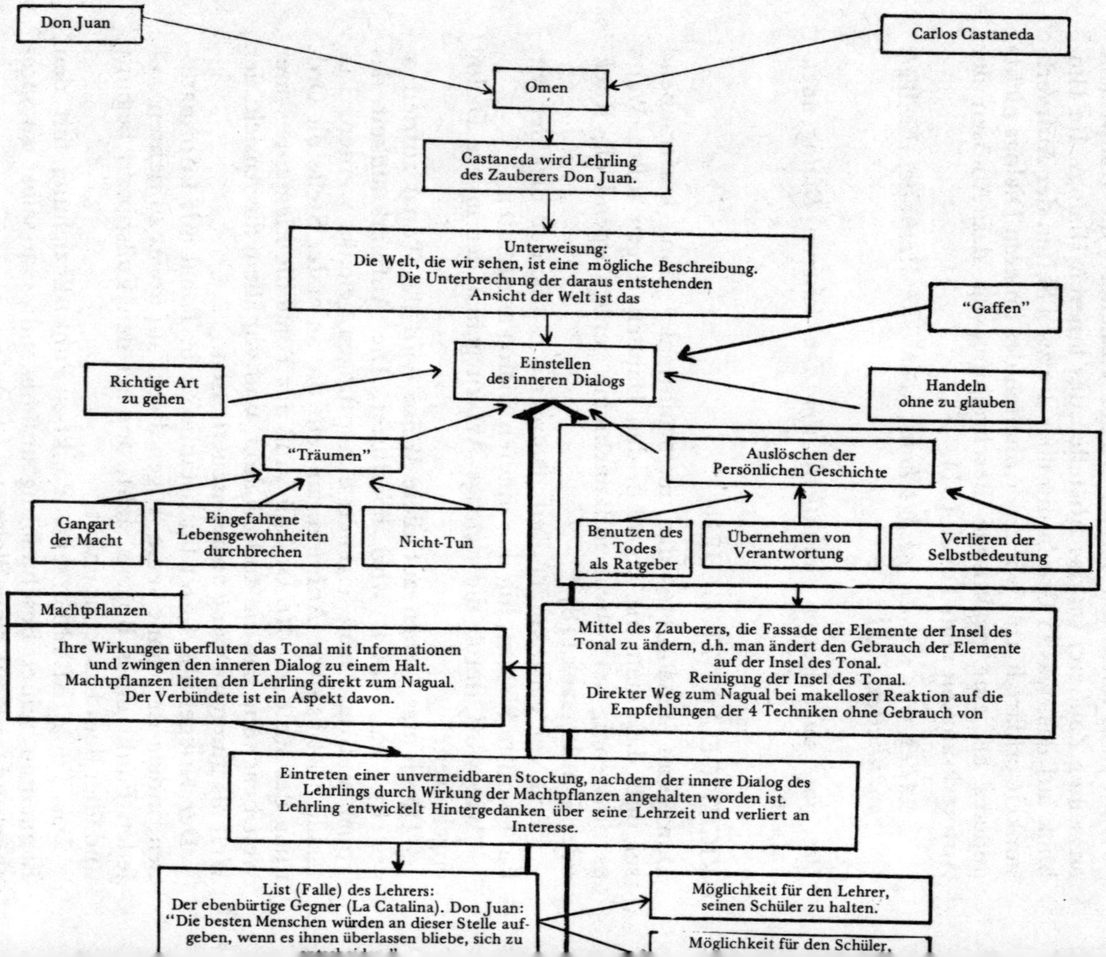
Don Juan
Carlos Castaneda
Omen
Castaneda wird Lehrling des Zauberers Don Juan.
Unterweisung:
Die Welt, die wir sehen, ist eine mögliche Beschreibung.
Die Unterbrechung der daraus entstehenden Ansicht der Welt ist das
"Gaffen"
Einstellen des inneren Dialogs
Richtige Art zu gehen
Handeln ohne zu glauben
"Träumen"
Gangart der Macht
Eingefahrene Lebensgewohnheiten durchbrechen
Nicht-Tun
Auslöschen der Persönlichen Geschichte
Benutzen des Todes als Ratgeber
Übernehmen von Verantwortung
Verlieren der Selbstbedeutung
Machtpflanzen
Ihre Wirkungen überfluten das Tonal mit Informationen und zwingen den inneren Dialog zu einem Halt.
Machtpflanzen leiten den Lehrling direkt zum Nagual.
Der Verbündete ist ein Aspekt davon.
Mittel des Zauberers, die Fassade der Elemente der Insel des Tonal zu ändern, d.h. man ändert den Gebrauch der Elemente auf der Insel des Tonal.
Reinigung der Insel des Tonal.
Direkter Weg zum Nagual bei makelloser Reaktion auf die Empfehlungen der 4 Techniken ohne Gebrauch von
Eintreten einer unvermeidbaren Stockung, nachdem der innere Dialog des Lehrlings durch Wirkung der Machtpflanzen angehalten worden ist.
Lehrling entwickelt Hintergedanken über seine Lehrzeit und verliert an Interesse.
List (Falle) des Lehrers:
Der ebenbürtige Gegner (La Catalina). Don Juan:
"Die besten Menschen würden an dieser Stelle aufgeben, wenn es ihnen überlassen bliebe, sich zu
Möglichkeit für den Lehrer, seinen Schüler zu halten.
Möglichkeit für den Schüler,

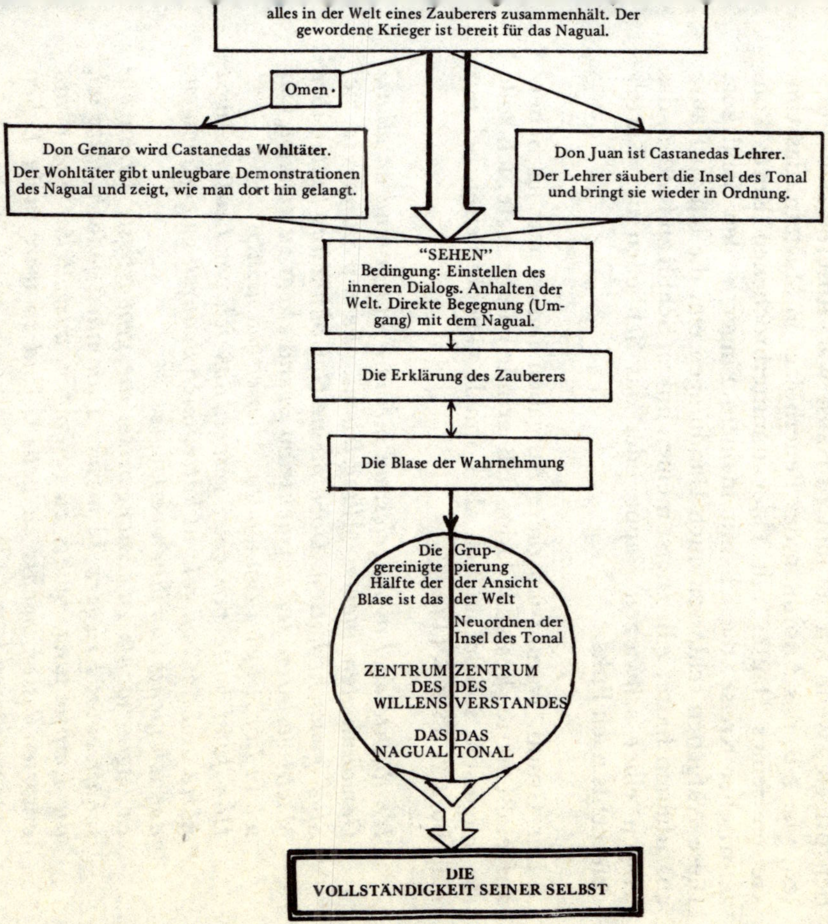
alles in der Welt eines Zauberers zusammenhält. Der gewordene Krieger ist bereit für das Nagual.
Omen
Don Genaro wird Castanedas Wohltäter.
Der Wohltäter gibt unleugbare Demonstrationen des Nagual und zeigt, wie man dort hin gelangt.
Don Juan ist Castanedas Lehrer.
Der Lehrer säubert die Insel des Tonal und bringt sie wieder in Ordnung.
"SEHEN"
Bedingung: Einstellen des inneren Dialogs. Anhalten der Welt. Direkte Begegnung (Umgang) mit dem Nagual.
Die Erklärung des Zauberers
Die Blase der Wahrnehmung
Die gereinigte Hälfte der Blase ist das
Gruppierung der Ansicht der Welt
Neuordnen der Insel des Tonal
ZENTRUM DES WILLENS
ZENTRUM DES VERSTANDES
DAS NAGUAL
DAS TONAL
DIE VOLLSTÄNDIGKEIT SEINER SELBST

HANDELN OHNE ZU GLAUBEN

(Gemeint ist) handeln ohne zu glauben, ohne Belohnungen zu erwarten – zu handeln einfach um des verdammten Handelns willen.

. . . er lachte und sagte, daß seine Taktik so subtil sei, daß es mir bis zum heutigen Tag entgangen sei. Dann erinnerte er mich an all die unsinnigen und witzigen Aufgaben, die er mir jedesmal zu geben pflegte, wenn ich bei ihm zu Hause war. Absurde Hausarbeiten, wie z.B. das Anordnen des Feuerholzes in Mustern, das Umkreisen seines Hauses mit einer ununterbrochenen Kette konzentrischer Kreise, die ich mit meinem Finger in den Sand zog. Diese Aufgaben schlossen auch Handlungen ein, die ich zu Hause auszuführen hatte, z.B. zuerst meinen linken Schuh zu binden, das Tragen einer schwarzen Kappe oder das Schließen des Gürtels von rechts nach links.

Der Grund, warum ich diese Aufgaben immer nur als Scherz aufgefaßt hatte, bestand darin, daß er mir immer sagte, ich solle sie vergessen, sobald sie sich als normale Gewohnheiten bei mir eingebürgert hätten. (17)

Ich dachte an Los Angeles, an meine Freunde und an all die Gewohnheiten meines Alltagslebens, die mir immer so viel Spaß gemacht hatten. Doch meine Gewohnheiten hatten ihre Macht verloren. Ich versuchte an irgend etwas zu denken, was ich in Los Angeles tun wollte. Aber es gab nichts.
Don Juan hatte mir einst gesagt, daß ich vor Leuten Angst hätte und daß ich gelernt hätte, mich dadurch zu verteidigen, daß ich nichts von ihnen verlangte.
Er sagte, nichts zu verlangen sei die großartigste Errungenschaft eines Kriegers. In meiner Dummheit jedoch hätte ich die Empfindung, nichts zu verlangen, ausgedehnt und dahin entarten lassen, nichts zu lieben. Und so wäre mein Leben langweilig und leer. (17)

Die drei Haupttechniken, die das Anhalten des inneren Dialogs beschleunigen:

Auslöschen der persönlichen Geschichte

Er sagte, daß mein Vater ein Beispiel dafür sei, was er meinte. Er forderte mich auf, mich daran zu erinnern, was mein Vater über mich dachte.

"Dein Vater weiß alles über dich", sagte er. "Deshalb hat er dich völlig festgelegt. Er weiß, wer du bist und was du tust, und es gibt keine Macht auf Erden, die seine Meinung über dich ändern könnte." Don Juan sagte, jeder, der mich kenne, habe eine bestimmte Vorstellung von mir, und ich selbst würde diese Vorstellung mit allen, was ich tat, nähren.

"Es ist am besten, keine persönliche Geschichte zu haben, weil uns das von den belastenden Gedanken anderer Menschen befreit. . . . Wir sind dahin gekommen, weil ich finde, daß Fragen über die Vergangenheit eines Menschen der letzte Mist ist." (20)

Drei Begleittechniken, die helfen sollen, die persönliche Geschichte auszulöschen:

Benutzen des Todes als Ratgeber

"Ich tue mein Bestes, Don Juan."

Nein, du weißt nicht, was dein Bestes ist."

"Ich tue, was ich kann."

"Du hast wieder unrecht. Du könntest es besser machen. Eine ganz einfache Sache läuft bei dir falsch – du glaubst, viel Zeit zu haben. Du glaubst, dein Leben wird ewig dauern."

"Ist es dir jemals so vorgckommen, Don Juan, als wollte ich mich nicht verändern?"

"Ja. Ich wollte mich genauso nicht verändern wie du. Jedenfalls mochte ich mein Leben nicht. Ich war des Lebens überdrüssig – genau wie du. Jetzt kann ich gar nicht genug davon bekommen."

"Stimme mir nicht einfach so zu"; sagte er. "Anstatt mir einfach zuzustimmen, solltest du eher danach handeln. Nimm die Herausforderung an! Ändere dich!"

"Einfach so?"

"Genau! Die Veränderung, die ich meine, vollzieht sich nicht schrittweise, sie kommt plötzlich. Was ich dir empfehle, ist zu erkennen, daß wir unmöglich annehmen können, unser Leben gehe auf unbestimmte Zeit weiter. Ich habe gerade erklärt, daß die Veränderung plötzlich und unerwartet kommt, und genauso ist es mit dem Tod. Was glaubst du denn, wie wir uns mit diesen Dingen auseinandersetzen sollten?"

Ich dachte, er habe diese Frage rhetorisch gestellt, doch sein Gesichtsausdruck zeigte mir, daß er eine Antwort erwartete. "So glücklich wie eben möglich zu leben", sagte ich.

"Gut, aber kennst du irgend jemanden, der glücklich lebt?"

Spontan wollte ich diese Frage bejahen. Ich dachte, ich könnte eine Vielzahl Leute nennen, die ich als Beispiel kannte. Doch dann erkannte ich, daß meine Bemühungen nur ein fadenscheiniger Versuch sein würden, mich selbst zu erleichtern.

"Nein", sagte ich, "ich weiß wirklich keinen." "Ich aber, sagte Don Juan . . .

Übernehmen von Verantwortung

"Wenn ein Mensch sich für einen Weg entscheidet, muß er ihn ganz zuende gehen. Er muß aber auch Verantwortung übernehmen für das, was er tut. Egal, was er macht, er muß wissen, warum er es macht. Und dann muß er seine Handlungen vorantreiben, ohne Zweifel zu haben oder Reue zu empfinden."

> *"Verantwortung für seine Entscheidungen zu übernehmen bedeutet, für sie zu sterben bereit sein."*

"Es spielt keine Rolle, wofür man sich entscheidet. *Nichts kann mehr oder weniger wichtig sein als irgend etwas anderes.*

Siehst du das nicht? In einer Welt, in der der Tod der Jäger ist, gibt es keine großen oder kleinen Entscheidungen. Es gibt nur Entscheidungen, die wir angesichts unseres unvermeidlichen Todes treffen." (21)

Verlieren der Selbstbedeutung

"Du nimmst dich selbst zu wichtig", sagte er langsam. "Du bist dir selbst in deinem Kopf zu verdammt wichtig, daß du dich berechtigt fühlst, dich über alles und jedes zu ärgern." (18)

> *"Wenn du ärgerlich wirst, glaubst du immer, im Recht zu sein. Stimmt's?" sagte er und blinzelte wie ein Vogel." (21)*

"Solange du denkst, daß du das Wichtigste in der Welt bist, kannst du die Welt um dich herum nicht richtig begreifen. Du bist wie ein Pferd mit Scheuklappen, du siehst dich getrennt von allem anderen.

Die Welt um uns herum ist geheimnisvoll. Und wir Menschen sind nicht besser als irgend etwas anderes. Wenn eine kleine Pflanze freigiebig zu uns ist, müssen wir ihr danken, oder sie wird uns vielleicht nicht wieder weglassen." (18)

Wieder las Pablito meine Gedanken auf vollkommene Weise: "Er verliert seine Selbstbedeutung. Deshalb ist er jünger." Nestor nickte zustimmend und ohne ein Wort zu sagen, ließ er einen sehr lauten Furz. Ich erschrak und ließ den Füller fallen. (22)

"Träumen"

siehe unter "Die acht Punkte, die die Vollständigkeit unserer Blase der Wahrnehmung ausmachen"

Drei Begleittechniken, die für das "Träumen" erforderlich sind:

Gangart der Macht

... und so kann ich sagen, daß mein Körper, gezwungen durch die Furcht, die ich erfuhr, in der Lage war, das auszuführen, was er die Gangart der Macht genannt hatte, eine Technik, die er mich Jahre zuvor gelehrt hatte und die darin bestand, in der Dunkelheit zu rennen ohne zu stolpern oder sich in irgendeiner Weise zu verletzen. Ich war mir nicht völlig bewußt, was ich getan hatte. Plötzlich fand ich mich vor Don Juans Haus wieder. Offensichtlich war auch er gerannt, denn wir waren zur gleichen Zeit angekommen. Er zündete seine Kerosinleuchte an, hängte sie an einen Deckenbalken und lud mich beiläufig ein, mich zu setzen und zu entspannen.(9)

Ich sagte ihm, seine körperliche Tüchtigkeit flöße mir regelrecht Ehrfurcht ein. "Wie machst du das?"

"Ich mache überhaupt nichts. Ich fühle mich körperlich wohl, das ist alles. Ich behandle mich selbst gut, und deshalb gibt es für mich keinen Grund, mich müde oder übel zu fühlen. Das Geheimnis besteht nicht darin, was du machst, sondern eher darin, was du nicht machst. . ." (23)

Gleichgültig wie dunkel die Nacht sei, könne ich ziemlich gut sehen, wenn ich nur nichts fixieren, sondern den Boden unmittelbar vor mir mit den Augen überfliegen würde. Die Gangart der Macht sei dem Auffinden eines Rastplatzes ähnlich. Beides erfordere ein Sich-Gehen-Lassen und Vertrauen. Bei der Gangart der Macht müsse man die Augen direkt auf den Boden vor sich richten, weil selbst ein kurzer Blick zur Seite eine Änderung im Bewegungsfluß bewirken würde. Die Knie müsse man bis zur Brust heben, damit die Schritte sehr kurz und sicher würden. (23)

Eingefahrene Lebensgewohnheiten durchbrechen

"Du hast dir Sorgen um das Mittagessen gemacht." "Ich habe nichts zu dir gesagt. Wie wußtest du, daß ich mir über das Mittagessen Sorgen machte?"

"Du sorgst dich jeden Tag um das Essen, um die Mittagszeit, abends um sechs und morgens um acht", sagte er mit einem boshaften Grinsen. "Zu diesen Zeiten sorgst du dich um das Essen, auch wenn du nicht hungrig bist. Ich mußte nur meine Pfeife blasen, um dir deine eingefahrenen Lebensgewohnheiten zu zeigen. Dein Geist ist darauf abgerichtet, auf Signale zu funktionieren." Er starrte mich fragend an. Ich konnte mich nicht verteidigen.

"Jetzt bist du gerade dabei, die Jagd zur Routine zu machen. Auch bei der Jagd bist du schon festgelegt. Du redest zu einer bestimmten Zeit, ißt zu einer bestimmten Zeit und schläfst zu einer bestimmten Zeit." (24)

"Nicht-Tun"

" 'Tun' ist das, was aus dem Felsen einen Felsen macht und einen Busch aus diesem Busch. 'Tun' gestaltet dich und mich."

Ich sagte ihm, daß seine Erklärung nichts erklärte. Er lachte und rieb sich die Schläfen.

"Die Welt ist die Welt, weil du das 'Tun' kennst, das nötig ist, um sie so zu machen. Wenn du ihr 'Tun' nicht kennen würdest, wäre die Welt ganz anders. Ohne dieses Tun gäbe es in deiner Umgebung nichts Vertrautes. Um die Welt anzuhalten, mußt du aufhören zu tun.

'Träumen' ist das 'Nicht-Tun' der Träume, verstehst du? Die Fortschritte, die du beim Nicht-Tun machst, schlagen sich im Träumen nieder." (25)

> *"Ich habe nicht immer so gelebt wie jetzt. Irgendwann in meinem Leben mußte ich mich ändern. Jetzt zeige ich dir die Richtung. Ich führe dich. Ich weiß, worüber ich rede. Ich habe es nicht selbst erfunden." (26)*

"Das Auslöschen der persönlichen Geschichte und das *Träumen* sollten nur eine Hilfe sein.

Jeder Lehrling benötigt Mäßigkeit und Stärke, um sein Gleichgewicht zu erhalten. Deshalb führt der Lehrer den *Weg des Kriegers* ein, oder lehrt das Leben eines Kriegers. Das ist der Leim, der alles in der Welt der Zauberer zusammenhält. Stück für Stück muß der Lehrer dies formen und entwickeln. Ohne die Robustheit und die Nüchternheit eines Kriegers gibt es keine Möglichkeit, den Weg des Wissens zu überstehen." (17)

"Gaffen"

. . . um uns das "Träumen" zu lehren, lehrte der Nagual (Don Juan) uns das "Gaffen". Er hat uns nie erklärt, was er da eigentlich mit uns machte. Er lehrte uns nur spähen. Wie haben nie gewußt, daß das "Gaffen" ein Mittel war, unsere zweite Aufmerksamkeit einzufangen. Wir meinten, das "Gaffen" sei nur so zum Spaß . . . Das "Angaffen" der Blätter oder der Ferne, der Wolken, Schatten, Bäumc, Steine, Pflanzen, des Regens, Nebels, Wassers oder sonst etwas, sagte der Nagual, stärkt die zweite Aufmerksamkeit. Wenn du so einen Blätterhaufen stundenlang "angaffst", wie er's von mir (la Gorda) verlangte, dann werden deine Gedanken still. Und ohne die Gedanken schwindet die Aufmerksamkeit für das Tonal, und deine zweite Aufmerksamkeit heftet sich an die Blätter, und dann werden die Blätter zu etwas anderem. Den Augenblick, wenn die zweite Aufmerksamkeit sich an etwas heftet, nannte der Nagual das "Anhalten der Welt" . . . Und dann kombinierte er das "Angaffen" trockener Blätter mit dem Suchen der Hände beim Träumen. Ich brauchte etwa ein Jahr, um meine Hände zu finden, und vier Jahre, um die "Welt anzuhalten". Sobald es dir gelungen ist, deine zweite Aufmerksamkeit mit Hilfe der trockenen Blätter einzufangen, so sagte der Nagual, mußt du dich im "Gaffen" und "Träumen" üben, um sie auszuweiten. (32)

DIE LEBENSWEISE EINES KRIEGERS

"Wie du ja weißt, war dein Geist nicht im Gleichgewicht. Um dem entgegenzuwirken, habe ich dich gelehrt, wie ein Krieger zu leben.

Nun ein Krieger beginnt mit der Gewißheit, daß sein Geist aus dem Gleichgewicht geraten ist, und dann tut er sein endgültig Bestes, indem er ohne Hast und Zwang in voller Kontrolle und Bewußtheit zu leben versucht.

In deinem Falle rührte deine Unausgeglichenheit wie bei jedem Menschen von der Gesamtsumme all deiner Handlungen her." (9)

"Ein Krieger zu sein bedeutet nicht einfach, sich zu wünschen, einer zu sein. Es ist eher ein endloser Kampf, der andauern wird bis zum endgültig letzten Augenblick in unserem Leben. Niemand ist als Krieger geboren, genauso wie niemand als vernünftiges Wesen geboren wird. Wir machen uns selbst zu dem einen oder anderen." (10)

> *"Der Krieger beugt seinen Kopf vor niemandem, aber gleichzeitig läßt er nicht zu, daß irgend jemand seinen Kopf vor ihm beugt." (9)*

"Es gibt nichts in der Welt, womit ein Krieger nicht rechnen kann. Du siehst, ein Krieger betrachtet sich bereits als tot, so gibt es nichts für ihn zu verlieren. Das Schlimmste ist ihm schon geschehen, und deshalb ist er klar und ruhig. Seinen Handlungen oder seinen Worten nach zu urteilen würde man niemals vermuten, daß er schon alles erfahren hat." (9)

"Der fundamentale Unterschied zwischen einem gewöhnlichen Menschen und einem Krieger besteht darin, daß ein Krieger alles als Herausforderung nimmt, während ein gewöhnlicher Mensch alles entweder als Segen oder Fluch nimmt." (27)

MACHTPFLANZEN

"Haben die Machtpflanzen mir geholfen?" "Sicherlich", antwortete Don Juan. "Sie öffneten dich, indem sie deine Ansicht der Welt unterbrochen haben. In dieser Hinsicht haben Machtpflanzen die gleiche Wirkung auf das Tonal wie die richtige Art zu gehen. Beide überfluten es mit Informationen und zwingen den inneren Dialog zu einem Halt. Die Pflanzen eignen sich ausgezeichnet dafür, aber sie sind kostspielig. Sie fügen dem Körper unnennbaren Schaden zu. Das ist ihre andere Seite, besonders die des Teufelskrautes."

Ich erwähnte die Tatsache, daß er diese Pflanzen in Begriffen beschrieben und besprochen hätte, die menschliche Eigenschaften bezeichneten. Er hätte sich immer auf sie bezogen, als ob die Pflanzen Persönlichkeit hätten. Er antwortete, daß dies ein vorgeschriebenes Mittel sei, um die Aufmerksamkeit des Schülers von dem Kernpunkt abzulenken, der das Anhalten des inneren Dialogs sei.

"Wenn sie nur dazu benutzt werden, um den inneren Dialog anzuhalten, worin besteht dann ihre Beziehung zum *Verbündeten?*" fragte ich.

"Das ist ein Punkt, der sehr schwer zu erklären ist", sagte er. "Diese Pflanzen leiten den Lehrling direkt zum Nagual, und der Verbündete ist ein Aspekt davon. Sie funktionieren ausschließlich im Zentrum des Verstandes, ungeachtet wer wir sind oder woher wir kommen. Verstand kann natürlicherweise alles auf die eine oder andere Weise erklären, was innerhalb seiner Ansicht der Welt liegt oder geschieht. Der Verbündete ist etwas, das außerhalb dieser Ansicht steht, außerhalb der Ansicht des Verstandes. Er kann nur vom Zentrum des Willens erfahren werden, zu Zeiten, wo unsere gewöhnliche Ansicht angehalten worden ist, deshalb ist er eigentlich das Nagual. Zauberer jedoch können lernen, den Verbündeten auf eine ganz verzwickte Weise wahrzunehmen, und indem sie das tun, tauchen sie zu tief in eine neue Ansicht ein. So habe ich, um dich vor diesem Schicksal zu bewahren, nicht so großen Nachdruck auf den Verbündeten gelegt, wie es Zauberer gewöhnlich tun. Zauberer haben, nachdem sie über Generationen hinweg Machtpflanzen benutzt hatten, gelernt, alles an ihren Ansichten zu erklären, was daran erklärbar ist. Ich würde sagen, daß die Zauberer, indem sie ihren 'Willen' benutzt haben, darin Erfolg hatten, ihre Ansichten der Welt zu erweitern. Mein Lehrer und mein Wohltäter sind die deutlichsten Beispiele dafür. Sie waren Männer von großer Macht, aber sie waren keine Wissenden. Sie haben niemals die Schranken ihrer gewaltigen Ansichten durchbrochen, und deshalb haben sie niemals die Vollständigkeit ihrer Selbst erreicht, obwohl sie doch davon wußten. Es war nicht so, daß sie sich auf ihrem Lebensweg verirrt hatten und Dinge außerhalb ihrer Reichweite beanspruchten. Sie wußten, daß sie das Boot verpaßt hatten und daß ihnen erst bei ihrem Tod das vollständige Geheimnis enthüllt würde. Zauberei hatte ihnen nur einen kurzen Blick ermöglicht, hatte ihnen aber nie die wirklichen Mittel in die Hand gegeben, um zu dieser schwer faßbaren *Vollständigkeit seiner Selbst* zu gelangen.

Ich habe dir genug von der Ansicht des Zauberers gegeben, ohne zuzulassen, daß du davon gefangen wurdest. Ich habe gesagt, daß man nur dann, wenn man zwei Ansichten gegeneinander ausspielt, zwischen ihnen hindurchwieseln kann, um die wahre Welt zu erreichen. Ich habe damit gemeint, daß man nur dann die Vollständigkeit seiner Selbst erreichen kann, wenn man völlig versteht, daß die Welt in erster Linie eine Ansicht ist, ungeachtet, ob diese Ansicht einem gewöhnlichen Menschen oder einem Zauberer eigen ist.

An dieser Stelle bin ich von der Tradition abgewichen. Nach einem lebenslangen Kampf weiß ich, daß das, was zählt, nicht das Lernen einer neuen Beschreibung ist, sondern das Erreichen der *Vollständigkeit seiner Selbst.* Man sollte zum *Nagual* gelangen, ohne das *Tonal* zu verleumden und vor allem, ohne seinen Körper zu verletzen. Du hast diese Pflanzen genommen, indem du genau den gleichen Schritten gefolgt bist, denen ich gefolgt bin. Der einzige Unterschied war, daß ich dich angehalten habe, anstatt dich in sie hineinzustürzen, als ich der Meinung war, daß du genügend Ansichten des Nagual gespeichert hättest. Das ist der Grund, warum ich deine Begegnungen mit den Machtpflanzen nie besprechen wollte, und dich auch nie in besessener Weise darüber sprechen ließ. Es hatte keinen Zweck, sich über das Unsagbare auszulassen. Das waren echte Exkursionen in das *Nagual,* in das Ungewußte." (17)

DIE VOLLSTÄNDIGKEIT SEINER SELBST

"Bei bestimmten Gelegenheiten jedoch, oder unter ganz bestimmten Umständen nimmt etwas im Tonal selbst wahr, daß mehr zu uns gehört. Es ist wie eine Stimme, die aus der Tiefe kommt, die Stimme des Nagual. Du siehst, daß die Vollständigkeit unserer selbst eine natürliche Bedingung ist, die das Tonal nicht völlig auslöschen kann, und es gibt Augenblicke, besonders im Leben eines Kriegers, wo die Ganzheit sichtbar wird. In solchen Augenblicken kann man vermuten und einschätzen, was wir wirklich sind

Mich haben diese Stöße, die du hattest, interessiert, weil das Nagual auf diese Weise auftaucht. In diesen Augenblicken wird sich das Tonal der Vollständigkeit des Selbst bewußt. Es ist immer ein Stoß, weil diese Wahrnehmung die Sicherheit zerstört. Ich nenne diese Wahrnehmung die Ganzheit eines sterbenden Wesens. Die Vorstellung ist die, daß im Augenblick des Todes der andere Teil des echten Paares, das Nagual, voll wirksam wird. Und das Bewußtsein, Erinnerungen und Wahrnehmungen, die in unseren Waden und Schenkeln, in unserem Rücken, in Schultern und Nacken gespeichert sind, beginnen sich auszudehnen und aufzulösen. Wie die Perlen einer endlosen Kette fallen sie, weil ihnen die bindende Kraft des Lebens fehlt, auseinander." Er sah mich an. Seine Augen waren friedlich.

Ich fühlte mich unwohl, benommen.

"Die Vollständigkeit unserer Selbst ist eine sehr zähe Angelegenheit. Wir brauchen nur sehr wenig davon, um die schwierigsten Aufgaben in unserem Leben bewältigen zu können. Wenn wir jedoch sterben, sterben wir mit der Vollständigkeit unserer Selbst. Ein Zauberer stellt sich die Frage:

Wenn wir mit der Vollständigkeit unserer Selbst sterben, warum leben wir dann nicht damit?" (13)

tg Juni, Nov./Dez. 75, Mai 79

Quellenangaben:	Buch:	Kapitel:
1	IV	Eine Verabredung mit Wissen
2	IV	Der Tag des Tonal
3	III	Rückversicherungen aus der Welt um uns herum
4,5,6	III	Einleitung
7	III	Die letzte Schlacht auf Erden
8	IV	Das Geheimnis der leuchtenden Wesen
9	IV	Eine Verabredung mit Wissen
10	IV	Der Träumer und das Geträumte
11	IV	Das Tonal schrumpfen lassen
12	IV	Die Insel des Tonal
13	IV	Der Tag des Tonal
14	IV	In der Zeit des Nagual
15	IV	Das Wispern des Nagual
16	IV	Die Blase der Wahrnehmung
17	IV	Die Strategie des Zauberers
18,19	III	Die Ichbezogenheit verlieren/ Unantastbar sein
20	III	Die persönliche Geschichte auslöschen
21	III	Verantwortung übernehmen
22	IV	Drei Zeugen für das Nagual
23	III	Die Haltung der Macht
24	III	Eingefahrene Lebensgewohnheiten durchbrechen
25	III	Nicht-Tun
26	III	Ein Jäger werden
27	IV	Glauben müssen
28	V	Vorwort
29	V	Vorwort
30	V	Die Schwesterchen
31	V	Die zweite Aufmerksamkeit
32	V	Die zweite Aufmerksamkeit
33	V	La Gorda

DIE LEUCHTENDEN WESEN ODER DIE BLASE DER WAHRNEHMUNG

Die acht Punkte, die die Vollständigkeit unserer Blase der Wahrnehmung ausmachen.

Grundriß der romanischen Kathedrale Cluny III

Der Grundriß der romanischen Kathedrale Cluny III dient zur Zeichnung des menschlichen Körpers in seinen richtigen Proportionen; denn wichtige (wichtig im Zusammenhang zu Castanedas acht Punkten der Blase unserer Wahrnehmung) anatomische Punkte entsprechen bestimmten Punkten auf dem oben erwähnten Grundrißplan.

Die acht Punkte, die die Vollständigkeit unserer Blase der Wahrnehmung ausmachen.

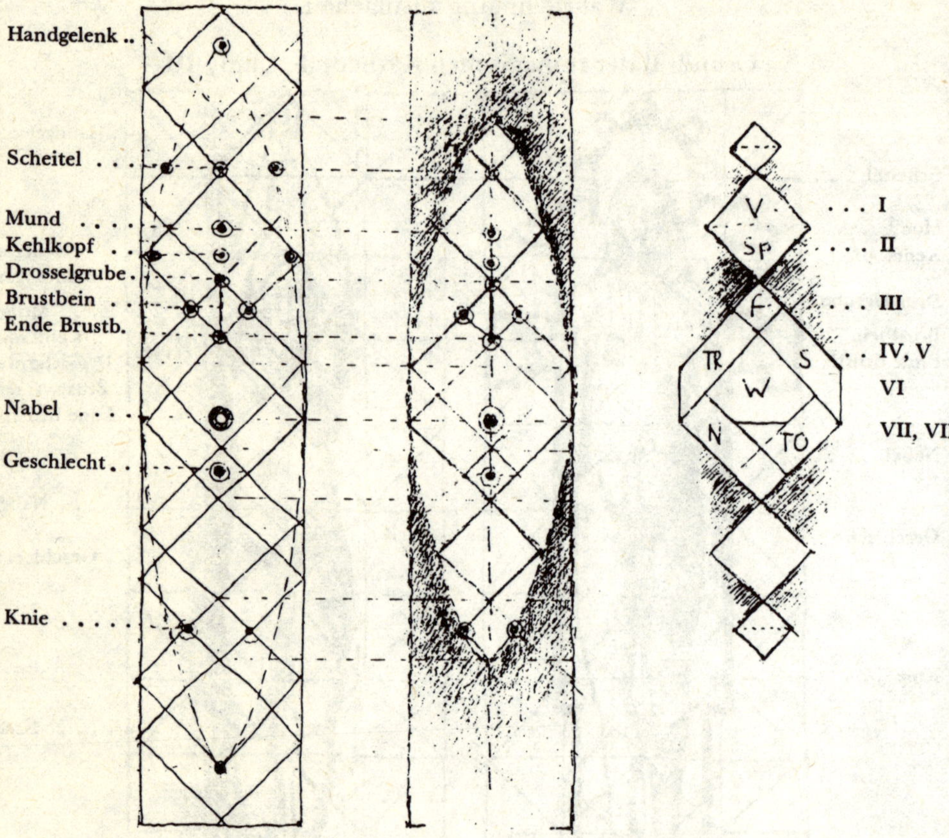

V = Verstand ↔ TO = TONAL
Sp = SPRECHEN
f = FÜHLEN ↔ Wirkung (N = NAGUAL)
TR = TRÄUMEN
↑
S = SEHEN
W = WILLE (Bedingung)

ZWEI LEUCHTENDE WESEN

(Maße in cm) M: 1 : 20

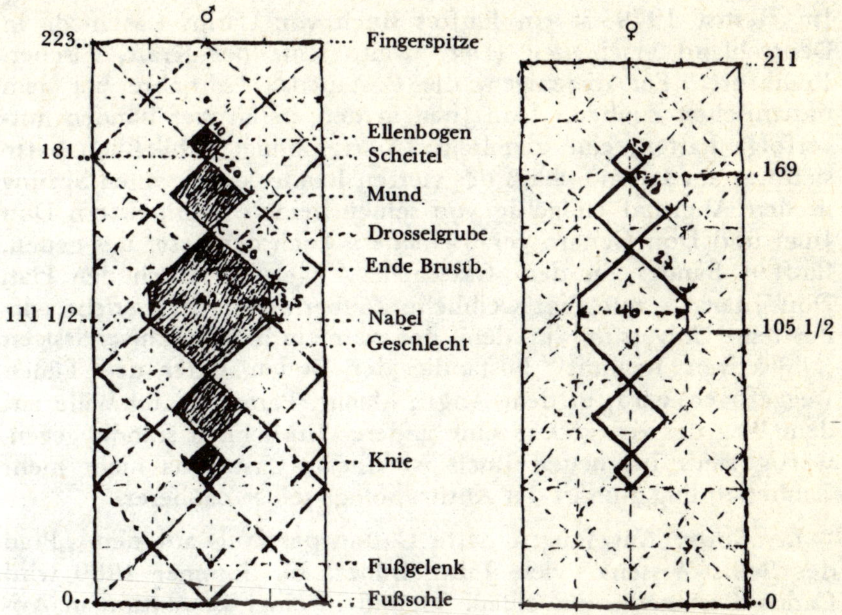

Die Platten können auf den Boden gelegt oder an die Wand gehängt werden.

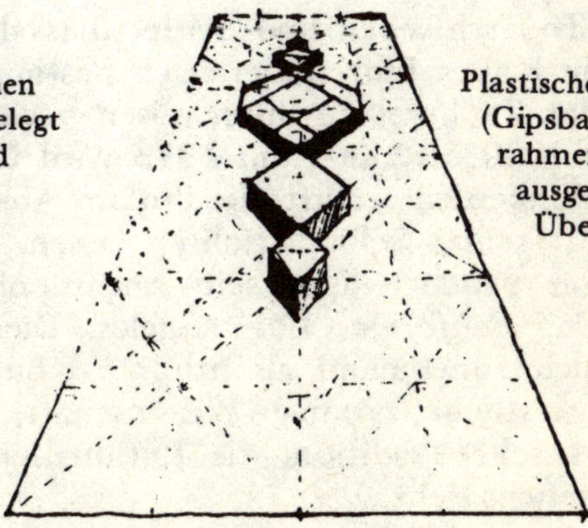

Plastisches Objekt (Gipsballen mit Metallrahmen), entworfen und ausgeführt nach den obigen Überlegungen.

GR Herbst 75

Jürgen Kremer

MEISTER SEINES LEBENS WERDEN

Indianische Lehre und westliche Weltsicht

Im Herbst 1979 ist ein fünftes Buch von Carlos Castaneda in Deutschland erschienen (Der zweite Ring der Kraft, Fischer, Frankfurt). Für diejenigen, die Castanedas Lehrjahre bei dem indianischen Zauberer Don Juan in den ersten vier Bänden mitverfolgt hatten, eine ziemliche Überraschung: Schließlich hatte sich Castaneda am Schluß des vierten Bandes durch einen Sprung in den Abgrund endgültig von seinen beiden Lehrmeistern Don Juan und Don Genaro verabschiedet. Auch der Leser des neuen, fünften Bandes, in dem Castaneda – gelenkt durch den Plan Don Juans – auf fünf weibliche Zauberinnen trifft, erlebt wieder ein Universum, in dem der vermeintlich so zuverlässigen „objektiven Realität" beständig der Boden unter den Füßen weggezogen wird, in dem Angst, Macht, Paranoia und Wille auf dem Weg des Kriegers in eine andere Wirklichkeit ständig gegenwärtig sind. Im neuen Buch ist Carlos Castaneda nicht mehr Zauberlehrling, nun ist der Anthropologe selbst Zauberer.

Lehrjahre. Angefangen hatte Castanedas Weg auf dem „Pfad des Selbst-Wissens" viele Jahre früher: Im Sommer 1960 wird Carlos Castaneda von einem Freund in einer Busstation in Arizona/USA mit Don Juan Matus, einem Yaqui-Indianer aus Sonora/Mexiko bekanntgemacht. Über dem Kopf des Freundes sieht Don Juan den Tod schweben und deutet dies als Omen, so daß er Castaneda ein halbes Jahr später nach bestimmten Prüfungen in der Kunst der Zauberei zu unterweisen beginnt. In der Zeit vom Dezember 1960 bis zum Juni 1973 wird Carlos Castaneda dann in die Techniken eingeführt, die ihn am Abschluß der Lehrzeit die Totalität seines Selbst erfahren lassen. Während dieser Jahre beendet er daneben auch sein Anthropologiestudium an der *University of California,* Los Angeles. Dieses „Doppelstudium" erwies sich zunehmend als brisante Kombination – auf der einen Seite westliche, rationale Wissenschaft, auf der anderen eine uralte mystische Tradition, die Rationalität nur als *einen* Modus des Verstehens sieht.

Die Berichte in den fünf Bänden zeigen, wie langsam Castanedas Wissen und Erfahrung wachsen; zugleich werden auch unterschiedliche Facetten des Lehrers und seiner Lehren sichtbar. Bis zum Schluß der Lehrzeit gibt Castaneda dabei seine mehr oder minder starke Abwehrhaltung der Welt der Zauberei gegenüber nicht auf, selbst im fünften Band, als er bereits selbst Zauberer geworden ist, ist sie noch zu spüren.

Lektionen. Die Publikationsgeschichte der Bücher spiegelt Castanedas Mißverständnisse, seine Abwehr und seine Schwierigkeiten in der Begegnung mit Don Juan wider. In der folgenden Darstellung der Lehren werde ich aber dem chronologischen Gang der Lektionen folgen.

Von Beginn der Lehrzeit an bemüht sich Don Juan, Castaneda zu zeigen, daß das, was wir in unserem täglichen Leben für Wirklichkeit halten, nur *eine Beschreibung* ist; sie ist ein endloser Fluß von Wahrnehmungs-*Interpretationen,* aus denen für Individuen mit gleicher sozio-kultureller *Mitgliedschaft* gleiche „Realität" entsteht. Gelingt es, das innere Selbstgespräch, das nahezu ununterbrochen in den Kategorien dieser einen Weltbeschreibung in uns abläuft, anzuhalten, so wird eine alternative Wirklichkeitserfahrung möglich (vgl. die Einleitungen zu Band 3 und 1). Um dies zu erreichen, erteilt Don Juan Castaneda zahlreiche eindrucksvolle und dramatische Lektionen, wobei sein Scharfsinn und Witz in der Auseinandersetzung mit seinem Schüler bestechend sind. Er lehrt ihn, seine persönliche Geschichte auszulöschen und eine Nebelwand um sich zu schaffen, so daß er von den hinderlichen Gedanken und von den Erwartungen anderer frei wird. Don Juan läßt ihn zu Pflanzen sprechen, um so das Gefühl der eigenen Wichtigkeit zu verlieren, lehrt ihn das Aufbrechen von Routinen und das Leben im Hier-und-Jetzt. Er hilft ihm, präzise Gefühle zu entwickeln, um sich zu sehen, statt selbstversunken zu denken. Er leitet ihn an, Verantwortung für alle Handlungen zu übernehmen und den Tod als Ratgeber anzunehmen und zu erleben (Band 3). Alle diese Lektionen sind von Don Juan höchst effektvoll inszeniert, so daß es Castaneda oft genug die Sprache verschlägt. Ihre Auswirkungen sind überwältigend.

Drogen. Da Castaneda ein hartnäckiger Lehrling ist und für ihn diese Techniken allein nicht ausreichend sind, um den inneren Dialog zu stoppen, *die Welt anzuhalten,* wie Don Juan sagt, verabreicht sein Lehrer ihm sogenannte Machtpflanzen (Peyotekaktus, Teufelskraut und Psilocybinpilze). Die Drogen erschüttern seine eingefahrenen Wahrnehmungsstrukturen so sehr, daß er völlig aus dem Gleichgewicht gerät. Gespräche mit dem Gott Mescalito und die Verwandlung in eine fliegende Krähe sind nur schwer zu bewältigen (vgl. Band 1). Um mit dem verheerenden Effekt dieser Lernerfahrungen fertig zu werden, lehrt Don Juan ihn den Weg des Kriegers, der makellos in völliger Selbstkontrolle den Pfad des Wissens geht. Als Castaneda nahe daran ist aufzugeben, bedient sich Don Juan eines Tricks, indem er mit der Zauberin La Catalina (die mit ihm zusammenarbeitet) einen ‚würdigen Gegner' schafft, um so seine Bindung an ihn und die Lehre zu stärken. Er überzeugt seinen Schüler, daß La Catalina sein Leben bedrohe und Castaneda seine letzte Trumpfkarte sei, um das drohende Schicksal abzuwenden. Castaneda, vor die Alternative gestellt, zu bleiben oder nach Los Angeles zurückzufahren, entscheidet sich bewußt für Don Juan. Um ihm zu helfen versucht er, La Catalina mit einem Wildschweinhuf zu durchbohren, und schießt auf sie, als sie in Form einer Drossel auf Don Juans Haus landet. Später erklärt Don Juan ihm, daß es sich dabei nur um einen Trick gehandelt habe; sie war niemals eine wirkliche Bedrohung für ihn, vielmehr werde sie Castaneda wie einen Käfer zertreten, wenn er nicht bald die losen Enden in seinem Leben zusammenknüpfen würde. Drei Jahre später – in der dramatischen Abschlußszene des ersten Bandes gibt La Catalina dann eine täuschend echte Nachahmung von Don Juan; am Rande des Wahnsinns beschließt Castaneda, seine Lehre endgültig aufzugeben.

Ist der dritte Band ‚Reise nach Ixtlan' aufgrund seiner zahlreichen Parallelen mit Techniken der humanistischen Psychologie leicht zugänglich, so sind die im ersten Band beschriebenen Drogenerfahrungen für Leser ohne solche Erfahrungen oft langweilig. Castaneda hatte diesen und den zweiten Band geschrieben, als er noch nicht verstanden hatte, daß Drogen nur ein Hilfsmittel beim Erlernen einer alternativen Weltbeschreibung, aber nicht zentral für Don Juans Lehren sind.

'*Sehen*' lernen. Dreieinhalb Jahre nach der alptraumartigen Auseinandersetzung mit La Catalina kehrt Castaneda stolz mit einem Vorausexemplar des gerade erschienenen ersten Bandes zurück. Don Juan mag zwar den Einband, aber lehnt das Geschenk mit der Bemerkung ab, Carlos wüßte ja wohl, was Mexikaner mit Papier machten – es nämlich als Toilettenpapier zu benutzen. Im nun folgenden zweiten Abschnitt der Lehrzeit versucht Don Juan, Castaneda ‚Sehen' beizubringen, und bereitet so die Begegnung mit der rational nicht zu erfassenden alternativen Wirklichkeit vor.

Castaneda lauscht den „Löchern" in den Geräuschen, beobachtet den Schatten, fühlt den Wind und raucht viele Male Psilocybinpilze, um die Dominanz des inneren Dialogs und der Ratio zu brechen. Er beobachtet seinen Wohltäter Don Genaro bei der scheinbar unmöglichen Überquerung eines Wasserfalls und lernt über kontrollierte Torheit: „Wir müssen im Voraus wissen, daß unser Tun sinnlos ist, und dennoch so handeln, als wüßten wir es nicht" (Band 2). Zum Ende dieses Zyklus gelingt es Castaneda zum ersten Mal, den inneren Dialog zu stoppen und die Welt anzuhalten: Nachdem sein Lehrer Don Juan und sein Wohltäter Don Genaro am Vortage sein Auto auf magische Weise haben verschwinden lassen (nach grotesker Suche unter Kieseln und Felsblöcken findet er sich beim Absturz eines in einen Drachen umfunktionierten Hutes wieder), unterhält er sich mit einem zweisprachigen Koyoten und sieht die leuchtenden Fasern der Welt (Band 3).

In der Parabel ‚Reise nach Ixtlan' erfährt er, daß es die Kunst des Kriegers ist, den Schrecken, ein Mensch zu sein, und das Wunder, ein Mensch zu sein, miteinander im Gleichgewicht zu halten.

Tonal, Nagual. Im letzten Abschnitt der Lehrzeit wird Castaneda in die zentralen Konzepte der Zauberei eingeweiht. Er lernt immer schneller, und der vierte Band endet mit einem großartigen Finale: Er nimmt endgültig Abschied von den beiden Meistern. Vorher führt Don Juan Castaneda in die für die Zauberei zentralen Begriffe *Tonal* und *Nagual* ein. Das Tonal ist das Ich, die soziale Person, die mit der Geburt ihren Anfang nimmt und mit dem Tod zum Ende kommt. Sie ist eine Insel im unendlichen Nagual, das sich nur durch Negationen umschreiben läßt: Es ist nicht der Verstand, nicht die Seele, nicht Gott. Es ist das Kreative und „Numinose", das allen Phänomenen zugrundeliegt, die nicht-benennbare, grenzenlose Seite von Selbst und Realität, die nur erfahren, nicht aber beschrieben werden kann. Nachdem Don Juan in einer ausführlichen Erklärung seiner Strategie als Lehrer die meisten Undurchsichtigkeiten verständlich gemacht hat und die einzelnen Bruchstücke für ihn zusammengesetzt hat, springt Castaneda zusammen mit einem anderen Lehrling in eine Schlucht und bewegt sich siebzehnmal zwischen dem Tonal und Nagual hin und her. In den 14 Jahren der Lehrzeit hat er genügend persönliche Kraft angesammelt, um das Zentrum des Willens zu aktivieren und so die Ganzheit seines Selbst zu erfahren; willentlich kann er seinen inneren Dialog stoppen und sich in die magische Zeit des Nagual begeben.

Die weibliche Seite. Die Erfahrungen beim Sprung in den Abgrund lassen Castaneda keine Ruhe. Zwei Jahre nach dem Abschied von Don Juan und Don Genaro begibt er sich wieder nach Mexiko. Auf der Suche nach Erklärungen lernt er die weibliche Seite der Zauberei kennen. Die Beziehung mit fünf Zauberinnen ist allerdings weitgehend durch Machtkämpfe gekennzeichnet: sie überlisten und verwirren ihn nach einem noch von Don Juan vorgegebenen Plan.

Castaneda besteht alle diese Kämpfe in überraschend guter Form; mittlerweile ein vollausgebildeter Zauberer, hat er genügend Kraft, um von seinen weiblichen und männlichen ehemaligen Mitlehrlingen als Nachfolger von Don Juan akzeptiert zu werden. Die Dominanz seines Verstandes ist nach diesen Erfahrungen endgültig gebrochen.

Großer Bluff? In dem Maß, in dem Carlos Castaneda immer neue Bücher über seine Lehrzeit bei Don Juan publiziert hat, stieg auch die Skepsis gegenüber seinen Berichten. Anfangs nicht nur von *hippie freaks* begeistert verschlungen, sondern auch in akademischen Kreisen gelobt, mehrten sich Kritik und die Vorwürfe, das Ganze sei ein großer Bluff. Der Schriftsteller und Journalist Richard de Mille hat dieser Frage ein ganzes Buch (10) gewidmet und glaubt schlüssig bewiesen zu haben, daß die

Bücher allesamt Fiktion seien. Diese Lösung würde manches Kopfzerbrechen zu einem glücklichen Ende bringen. Schließlich gibt es in unserer Kultur eine Vorliebe für das Denken in den Begriffen von „falsch" und „richtig", um auf diesem Wege mit Erfahrungsbereichen umzugehen, die uns beunruhigen. Das Unbekannte wird erklärt und in Kategorien geschachtelt, bis es wegerklärt ist und wir keine Angst mehr davor zu haben brauchen. Beruhigt können wir wieder unseren Routinen in Denken und Handeln nachgehen. So bringt de Mille in seinem mehr auf Suggestion und Vermutungen als auf Fakten basierenden Buch die Welt wieder ins Lot.

Castaneda selbst hat kürzlich zu dieser Frage noch einmal Stellung genommen: „Ich habe Wahrhaftigkeit in meiner Rolle als Student der Anthropologie als das Bemühen definiert, getreu den Tatsachen all das mitzuteilen, was geschehen ist, ohne dabei etwas zu erfinden oder zu verzerren" (1).

Dunkel. Indem Carlos Castaneda, Don Juans Lehren folgend, sein persönliches Leben zunehmend in Dunkel gehüllt hat, bietet er sich als freie Projektionsfläche und Spielwiese für Detektive an. Jedes der wenigen vorhandenen Fakten wird gierig und mit einem „Ätsch!" geschmückt verarbeitet: Carlos Körpergröße? Fünf Fuß, fünf Inches. Gewicht? 150 amerikanische Pfunde. Geburtstag? 25.12.25 oder 25.12.35. Geburtsort? Cajamarca/Peru oder Sao Paulo/Brasilien. Leider kann auch die amerikanische Armee bei der Lösung solch „brennender" Fragen nicht weiterhelfen: Castanedas Wehrakte ist unauffindbar. Immer wieder wird das einzige bisher im Druck erschienene Photo reproduziert: Es zeigt Castaneda 1962 (am 7. September übrigens) bei der Verleihung seines *Bachelor-of-Arts*-Grades in Anthropologie!

Castanedas geschiedene Frau Margaret meint, die Bücher seien Carlos' Verarbeitung all der von ihm gelesenen Lehren und Philosophien mit Hilfe eines *alter ego*. Demgegenüber hat der Schriftsteller Sukenick deutliche Persönlichkeitsveränderungen wahrgenommen: Von jemandem, der aussieht, als habe er mit einer schizophrenen Episode zu kämpfen, zu einer lebendigen Person mit starker Ausstrahlung (in 8).

Abwehrstrategie. Es läßt sich nicht schlüssig beweisen, daß

Castaneda seine Berichte erfunden hat – auch wenn es Hinweise dafür gibt, daß dies so sein *könnte*. Die Frage nach *fact* oder *fiction* läßt sich aber auch als Abwehrstrategie unseres inneren Dialogs begreifen; schließlich steht unser altvertrautes Weltbild zur Disposition. Viel bedeutender ist die Frage: Sind die Berichte überzeugend? Gar zu gern wird in dieser Diskussion übersehen, daß Don Juan im Rahmen der indianischen Kulturen überhaupt nicht außergewöhnlich ist; ähnliche Berichte liegen als Bücher vor. Auch finden sich zahlreiche Parallelen in den Traditionen des Fernen Ostens. Die Bücher auf dieser Ebene beiseite zu schieben ist nicht ohne weiteres möglich. Castaneda hat sicherlich Kunstwerke geschaffen, aber Kunstwerke sind nicht notwendig erfundene Romane.

Die wichtigste Frage lautet denn auch nicht, ob Don Juan je gelebt hat, sondern: „Was sagt unsere Reaktion auf die Bücher über uns und unsere Gesellschaft?" Und: „Welche Möglichkeiten im Umgang mit Castaneda gibt es für uns?"

Deutungen. Durch alle Berichte zieht sich wie ein roter Faden Castanedas Abwehrhaltung, in die Ecke gedrängt bäumt sich sein Verstand auf und versucht, mit der Angst fertig zu werden, indem er Don Juans Lehre und seine eigenen Erfahrungen zurückweist. Diese Abwehr entspricht bei den Lesern einer weitverbreiteten Art, seine Texte aufzunehmen. Verschiedene wissenschaftliche Ansätze werden herangezogen, um den Brocken verdaubar zu machen. So beschreiben psychoanalytische Interpretationen Don Juans Abhängigkeit von Castaneda, die er braucht, um jene Teile des Unbewußten, die seinem schizoiden Rückzug von der Alltagsrealität zugrundeliegen, in ungerechtfertigter Weise an ihm auszuagieren (12). In der Interpretation von Mythen geschulte Jungianer sehen Don Juans Weg des Wissens im Zusammenhang mit anderen Überlieferungen und stellen gelungene Möglichkeiten der Anwendung im psychotherapeutischen Geschehen wie im Alltagsleben dar (17).

Don Juan als Psychotherapeut ist ein vieluntersuchter Aspekt. Anthropologen sehen die Bücher als erfolgreichen Versuch, eine alternative Wirklichkeitsbeschreibung zu erlernen und von innen heraus zu beschreiben; dabei gehen die Texte als ethnologische Poesie durch die hautnahe Inszenierung der

Lernerfahrungen über die akademische Reduktion unterschiedlicher Weltbilder zu einem kulturellen Relativismus hinaus (vgl. 13).

Lebenskünstler. Philosophen haben die Parallelen mit dem Buddhismus, Jesus Christus, der Existentialphilosophie und Wittgenstein herausgearbeitet. Andere haben aus den Texten ein neues Wissenschaftsmodell konstruiert, in dem Wissen nicht nur objektivierend-experimentell, sondern subjektiv-experimentell, erfahrungsmäßig, gewonnen wird; zentrale Komponente ist ein Akt freier Schöpfung des Selbst-Wissens, das über sich selbst hinaus auf zukünftige, erfahrungshafte Schöpfungen zielt. Schriftsteller und Literaturtheoretiker sehen Castaneda als einen Teil der postmodernen Literatur: Wirklichkeit ist im Kern immer Fiktion, Künstler und Zauberer haben Zugang zu der fiktionschaffenden Kraft selbst und sind imstande, die falsche Trennung zwischen Kunst und Leben aufzuheben; für sie ist Don Juan ein Künstler, dessen Kunst sein Leben ist – im wahrsten Sinne des Wortes ein Lebenskünstler (13). Alle diese Ansätze und Parallelen können bestimmte Aspekte erhellen – und wie jedes gute Werk der Mystik sind die Bücher in verschiedensten Schichten lesbar –, aber es handelt sich immer nur um Teilaspekte. Häufig dienen diese Interpretationsversuche als schützender Schild gegenüber der überwältigenden Erfahrung des Naguals. Aus Angst vor ihr agieren wir tonal aus, damit das Nagual uns nicht erschüttere. Es ist sicherer, sich in den meist den inneren Dialog verstärkenden psychotherapeutischen Erfahrungsweisen zu bewegen, als das Risiko der Öffnung für andere innere und äußere Realitäten einzugehen.

Leitlinien. Carlos Castanedas fünf Bücher sind auf die verschiedenste Weise attraktiv. Dabei eignen sie sich nicht nur als fruchtbarer Stoff für Partygespräche; manchem Leser, der sie als Leitlinien zu intensiver Selbsterfahrung benutzt, verschlagen derartige Gespräche so sehr die Sprache, daß sie diesen Teil der persönlichen Geschichte schnell verbergen.

Es ist einfach, sich über Castanedas Abwehrhaltung und sein Festkleben an westlicher Rationalität herzumachen, zumal seine Fragen an den Lehrer vielfach die Form von Dumme-Jungen-Fragen haben; wer nicht selbst von Los Angeles in die machtvolle Wildnis Mexikos versetzt und mit schrecklichen Verbündeten magischer Realität konfrontiert ist, für den ist es ein Leichtes, Bemerkungen auf Kosten von Carlos Castaneda zu machen.

Identitätskrise. Aber nicht nur die Überheblichkeit dessen, der die Zivilisation hochindustrialisierter Gesellschaften schon seit langem mit Achselzucken betrachtet, wird angesprochen. In einer vaterlosen Gesellschaft, in der die Krise des Erwachsenwerdens immer seltener erfolgreich verläuft und die Ausbildung von Identität immer schwieriger wird, in der viele tradierte Werte nicht mehr aufrechtzuerhalten sind und lebendige Mythen zur Herstellung von Sinn durch immer abstraktere Sätze und Setzungen verdrängt sind, in einer solchen Situation ist eine Art Bildungsroman über eine erfolgreiche Neu-Sozialisation ein leuchtendes Kontrastphänomen. Hier verkörpert jemand, respektabel und makellos als Meister, ein Universum, dessen Stärke und Schönheit er überzeugend demonstrieren kann. Angesichts der dramatischen und witzigen Inszenierung einer authentischen Tradition stellt sich das Problem des Fortschritts nicht mehr – Antonin Artauds Kommentar: „Echte Traditionen kennen keinen Fortschritt, weil sie den äußersten Punkt aller Wahrheit darstellen" (8), könnte auf Don Juans Lehren bezogen sein. Der Fortschrittsglaube wird in all seiner Zweifelhaftigkeit und grotesken Komik sichtbar, wenn Don Juan auf die Frage, was er tun würde, wenn ihm jemand mit einem Gewehr auflauern würde, antwortet, daß er dann halt einfach nicht in der Gegend anzutreffen sei (Band 2).

Meister und Schüler. Sein Universum hat eine Stärke, die durch die ans Mittelalter erinnernde Meister-Schüler-Beziehung dann auch gegenüber Castaneda voll zum Tragen kommt. Don Juan ist die magische Zeit des Nagual zugänglich, er hat diese Wirklichkeit als Person akzeptiert und verkörpert sie bruchlos in einer selbstverantwortlichen Lebensführung. Seine Werte werden als heile und ganze sichtbar, es scheint sich zu lohnen, sie zu übernehmen. In der Beziehung zu Castaneda demonstriert er sie makellos. Der Austausch zwischen beiden ist so umfassend, wie es heute kaum noch in einer Eltern-Kind-, geschweige denn in einer Lehrender-Lernender-Beziehung, zu finden ist: Verantwortliches Handeln und Sorge für seinen Lehrling (auch bei der Verwendung von Tricks), Ernsthaftigkeit und Echtheit, eine anscheinend uneingeschränkte Fähigkeit zu Antwort und Reaktion (response-ability), eine Palette unterschiedlichster Verhaltensweisen von Obszönitäten über Clownerien bis zum Philosophieren und bei alledem ein Ausmaß an Konfrontation (die immer auch Liebe ist), das kein Kasperletheater zuläßt.

Don Juan muß sich nicht autokratisch mühsam als Autorität profilieren, er ist aus einem Guß – und daß alte Risse sichtbar werden, macht dies nur um so überzeugender. Das Unzeitgemäße seiner Person bietet sich zur Identifikation an.

Leben aus zweiter Hand. Die Erfahrung unserer alltäglichen Wirklichkeit hierzulande ist dadurch gekennzeichnet, daß in dem Austausch zwischen A und B (sei es eine Person oder ein Gegenstand) immer etwas dazwischen ist, direkte Erfahrung ist ein Traum. Gehen wir in den Wald, legt sich das Netz der ausgeschilderten (und vielleicht auch noch asphaltierten) Wanderwege zwischen uns und ein direktes Erleben der Umwelt. Jede optische Wahrnehmung durchläuft den Filter einer bestimmten Sprache, deren Vokabular Kategorien festlegt und deren Grammatik Dimensionen umreißt. In jeden Wahrnehmungsvorgang geht das Gewicht unserer gesamten Sozialisationserfahrung ein. Im Tonal hinken wir immer hinter der unmittelbaren Erfahrung hinterher, hier leben wir aus zweiter Hand (Band 4). Demgegenüber demonstriert das Furzen von Don Genaro (Band 2), mit dem er die Berge erschüttert, daß bei der Ansammlung von genügend Kraft der Traum direkter Wahrnehmung verwirklicht werden kann; ein makelloses Leben als Krieger macht es möglich, irgendwann bei einem Sprung in den Abgrund, alle geistigen Schubladen hinter sich zu lassen.

Trottel mit leeren Händen. Setzen wir uns Don Juan gegenüber, ist zu fragen, welche Erfahrungsmöglichkeiten wir ihm im Austausch anzubieten haben. Ein Teilnehmer an einem Castaneda-Seminar drückte es so aus: „In meiner Phantasie versuchte ich, Don Juan eine Antwort zu geben, warum ich an meinem jetzigen Lebensstil festhielt. Je mehr ich nachgrübelte, um so abstrakter und akademischer erschien mir mein Wissen. Nichts erschien mir mehr tatsächlich lebenswichtig. Alles war plötzlich hinterfragbar. Ich stand als Trottel mit leeren Händen da. Was ich bisher immer als Errungenschaften unserer Zivilisation betrachtet hatte, war plötzlich alles fragwürdig. Zu jedem Fortschritt fiel mir sofort ein Nachteil ein. Je mehr mir meine bisherigen Überzeugungen unter den Händen zerflossen, um so aufgeregter wurde ich. Das Indianergesicht und die Berge, die ich mir vorgestellt hatte, fingen an, mir auf den Geist zu gehen. Ich öffnete deshalb meine Augen."

Ganzheit des Selbst. Als die Studentenbewegung in Resignation mündete und mancher wieder auf seinen mehr privaten *Trip* ging, als das Ausmaß der Fremdbestimmung noch drückender, die bürgerlichen Freiheiten weiter ausgehöhlt wurden und die Anzahl der an unkontrollierbaren Orten gespeicherten Daten ins Unabsehbare stieg, da zeigte sich Don Juan als ein Beispiel unglaublicher Selbstbestimmung. Die persönliche Geschichte ausgelöscht, huscht er wie ein Wiesel durch die Dörfer und Berge Mexikos im Poncho und erscheint als Aktienbesitzer in Mexiko City im Anzug: Seine Person ist ebenso stark wie ungreifbar; Verbindungen zu anderen Yaqui-Indianern und ihren Traditionen sind praktisch nicht vorhanden. Nicht festzulegen von außen, geht er unbeirrt seinen Weg, entfaltet er seine Person zur Ganzheit des Selbst.

Veränderbarkeit. Dabei vermittelt er ein ganz grundlegendes Gefühl der Veränderbarkeit der Persönlichkeit. Nicht mehr Gefangener seiner Sozialisationserfahrungen unterrichtet Don Juan Castaneda, wie er Meister seines Lebens werden kann: „Als ich Don Juan traf, hatte ich wenig persönliche Kraft. Ich war einen weiten Weg von meinem Geburtsort in Brasilien gekommen. Nach außen hin war ich aggressiv und arrogant, aber innerlich unentschlossen und unsicher. Ich erfand dauernd Entschuldigungen für mein Verhalten. Don Juan beschuldigte mich einmal, ein professionelles Kind zu sein, da ich so voller Selbstmitleid war. Ich fühlte mich wie ein Blatt im Wind. Wie die meisten Intellektuellen stand ich mit dem Rücken zur Wand. Ich konnte nicht weitergehen. Ich konnte keine Lebensweise sehen, die mich wirklich begeistert hätte. Ich dachte, alles was ich tun könnte, wäre der Versuch einer reifen Anpassung an ein Leben in Langeweile oder die Suche nach komplexeren Formen der Unterhaltung wie den Gebrauch psychedelischer Drogen, Haschisch und sexueller Abenteuer. Das alles war eine Folge meiner Gewohnheit der Selbstbeobachtung. Ich schaute immer nach innen und sprach mit mir. Der innere Dialog verstummte selten. Don Juan brachte mich dazu, nach außen zu blicken und die Großartigkeit der Welt zu sehen und zu lernen, wie man persönliche Macht sammelt. Ich glaube, es gibt keine andere Lebensweise, um aus dem vollen zu schöpfen" (Band 1).

Einsamkeit. Don Juan als wahrer Lebenskünstler macht aus seiner Einsamkeit eine Kunst. Er wendet den Blick von der zwanghaften Beschäftigung mit dem eigenen Selbst nach außen. Einsamkeit, in Deutschland ohnehin schon immer höher angesehen als in anderen Staaten, wird als Wert wiederhergestellt. Unsichere Identitätsausbildung macht die Aufnahme echter Bindungen (Nähe-Liebe-Einlassen) schwierig; an die Stelle der tradierten Beziehungsformen sind vielfach Ideologien getreten, die dem gefühlsmäßigen Erleben Gewalt antun. (Beispiel: Eifersucht darf nicht sein, da Zweierbeziehungen „reaktionär" sind.) Alleinleben ist mittlerweile eine weitverbreitete Antwort darauf. Don Juans Techniken bieten sich zum Schließen der Lücke an, die durch eine Liebesbeziehung nicht gefüllt worden ist.

Wissenschaft ohne Hemd und Hose. In freien Phantasien einer Konfrontation der etablierten Wissenschaften mit Don Juan können sich viele den Ausgang nicht anders vorstellen, als daß die Wissenschaften ohne Hemd und Hose dastehen. Manchem erschienen sie schon immer suspekt oder kleingeistig – und zum Beispiel durch den Positivismusstreit der Sozialwissenschaften oder die Entfaltung der Relativitätstheorie sind sie ohnehin schon schwer angeschlagen. Nun vermag Don Juan ihnen mit Scharfsinn und Witz in beeindruckend kurzen Dialogen noch den letzten Stoß zu versetzen – für Studenten, die am herrschenden Wissenschaftsbetrieb verzweifelt sind, eine große Erleichterung. Auch grundlegenden impliziten Annahmen der Wissenschaften kann nicht mehr getraut werden, zum Beispiel: Wir könnten das Universum verstehen, ohne unser Selbst voll zu verstehen und zu erleben (dies wirkt angesichts von Castanedas Berichten schon grotesk); oder: Die Physik sei die Grundlegendste aller Wissenschaften; oder: Unbelebte Dinge und Pflanzen haben keine Bewußtheit, das Universum jenseits von Pflanzen,

Tieren und Menschen ist als unbelebt anzusehen. Bestimmte Richtungen der humanistischen Psychologie haben es da im Umgang mit Castaneda schon leichter; so zum Beispiel verzichtet die mit ihrem existential-phänomenologischen Ansatz Don Juans Lehren in Punkten verwandte personenzentrierte Psychologie (14) auf das Konzept einer ‚objektiven Realität' und postuliert zahlreiche subjektive Realitäten.

Bindung. Seit der Eroberung Mexikos durch die Spanier und ihre Hexenverbrennungen sind die Zauberer, in deren Tradition Don Juan steht, einsame Menschen; damals hatten sie sich, um zu überleben, aus der Bindung an den Stamm herauslösen müssen (Band 4). So erscheint denn Don Juans Wissen ohne diese Gemeinschaft im Hintergrund in manchen Momenten leer – im Gegensatz zu den Lehren anderer Indianer wie Lame Deer (11) oder Rolling Thunder (9), denen eine solche Bindung wesentlich ist. Die Angst – nicht durch entsprechende Beziehungen ausbalanciert – ist zeitweilig überwältigend. Don Juans Begriffe sind häufig der Kriegskunst entnommen, die Begriffe Liebe, Sorge und Nähe tauchen nicht auf. Die Suche nach Macht bewirkt zu manchen Zeitpunkten Paranoia.

Stolpersteine. Die beschriebenen Formen, auf Castanedas Bücher einzugehen und mit ihnen umzugehen, können Stolpersteine bei der Rezeption der Bücher sein. Als Ersatz für eigene Erfahrung kann sich die Lektüre ähnlich zu einem Ratgeber – einer grundlegenden emotionalen Reaktionsform – entwickeln, wie Selbstmitleid in Castanedas Tonal vormals eine dominante Reaktion in schwierigen Situationen war. Andererseits kann eine selbstreflektierte und erfahrungsgebundene persönliche „Bearbeitung" all der Stolpersteine sie in Stufen auf dem Pfad des Erkennens verwandeln. Die Herausforderung von Castanedas Büchern kann in ihrer Gesamtheit nur angenommen werden, wenn wir uns selbst auf den „Pfad mit Herz" (Band 1) begeben und unser Selbst-Wissen erweitern.

Persönliche Herausforderung. „Verstehen ist risikoreich. Wenn ich es zulasse, jemand anders wirklich zu verstehen, dann kann ich durch dieses Verstehen verändert werden", hat Carl Rogers gesagt (15). Diese Art Verstehen von Don Juans Lektionen bedeutet herauszufinden, wo unser Mexiko liegt, welche persönlichen Ratgeber wir haben und auf welche Weise wir uns der Erfahrung des Naguals erwehren. ,,Können wir uns den Luxus *einer einzigen* Realität heutzutage noch leisten? Können wir immer noch den Glauben erhalten, daß es eine ,wirkliche Welt' gibt, über deren Definition wir uns einig sind?" fragt Carl Rogers und antwortet: „Ich bin überzeugt, daß wir uns diesen Luxus *nicht* mehr leisten können" (14).

Der andere Weg ist schwierig und gerade zu Anfang mit sehr persönlichen Fallstricken und Hindernissen bestückt. Weder ist Mexiko einfach in die bundesrepublikanische Landschaft zu transplantieren, noch sind Don Juans Techniken simple Rezepte. Es ist so viel leichter, die philosophischen Aspekte zu erörtern, als sich persönlich, kompromißlos und ungeteilt, in die Auseinandersetzung zu begeben. Der Weg des Kriegers ist kein lockerer Trip, sondern eine Herausforderung, die sich in jeder kulturellen Umgebung beantworten läßt. Nur: „Wie oft schon müssen sich suchende Geister nach einem konstanten, unveränderlichen Punkt am Horizont gesehnt haben, mit dessen Hilfe sie steuern könnten?" (John Steinbeck) – Don Juan jedenfalls erfüllt diese Sehnsucht auch nicht und gibt nur ein großes Raster, das mit persönlichen Antworten zu füllen ist. Die Frage, ob die Bücher ein Bluff sind, ist nur durch unseren persönlichen Standpunkt auf dem Pfad des Selbst-Wissens zu beantworten.

Literatur

(1) Carlos Castaneda: The Art of Dreaming, Psychology Today, Dezember 1977
(2) Ders.: Der zweite Ring der Kraft, Fischer 1978
(3) Ders.: Der Ring der Kraft, Fischer Taschenbücher 1978
(4) Ders.: Reise nach Ixtlan, Fischer Taschenbücher 1976
(5) Ders.: Eine andere Wirklichkeit, Fischer Taschenbücher 1975
(6) Ders.: Die Lehren des Don Juan, Fischer Taschenbücher 1973
(7) Ders.: Gespräch mit Sam Keen, Psychologie heute, April 1975; siehe auch dieses Buch, Seite 22
(8) Antonin Artaud, Die Tarahumaras, Rogner + Bernhard, 1975
(9) Doug Boyd: Rolling Thunder, München, Trikont 1978
(10) Richard de Mille: Die Reisen des Carlos Castaneda, Morzsinay, 1980
(11) Richard Erdoes: Lame Deer Seeker of Visions, Touchstone, NY 1972
(12) M. D. Faber: Don Juan and Castaneda: The Psychology of Altered Awareness, The Psychoanal. Rev. Vol. 64, No. 3
(13) Daniel Noel: Seeing Castaneda, Putnam's Sons, NY 1976
(14) Carl Rogers: Do We Need "A Reality", Manuskript 1974
(15) Ders.: On Becoming a Person, Constable, London 1967
(16) John Steinbeck: The Log From the Sea of Cortez, Penguin 1976
(17) Donald Williams: The Path of Knowledge – C. G. Jung and Don Juan, Manuskript 1977

Karl-Heinz Krüll

CASTANEDA/PEYOTE

Zur Wirklichkeit psychoaktiver Drogen als Teil (möglicher) Urgemeinschaften

Was ist zu Peyote (Drogen allgem.) *noch* zu sagen? Was noch über Huxley, Michaux, Watts, Leary, Castaneda & andere hinaus? Vor allem über Leary & Castaneda hinaus.

Eigentlich ist das Thema doch ausdiskutiert, totgeschrieben, -interpretiert, in kleinen sensationellen Portionen unters Volk gefummelt & als *Gefahrenzonen* stehengelassen. Wer liest schon außer denen, die selbst Drogen nehmen oder anderweitig damit zu tun haben, tatsächlich Leary, Castaneda, Huxley, Michaux usw., – um etwas über sich selbst zu erfahren & über den ganzen Komplex & nicht, um auf dem neuesten Stand exotischer Sensatiönchen zu sein.

Die Klingen der staatlichen Abwehr sind geschliffen. Volk & Hüter der Ordnung einheitlich stimuliert. Der Tanz geht weiter wie gehabt & eingeübt, mit Alkohol & Nikotin & dem bunten Angebot der Pharmazie. Die *Welle* hat sich verlaufen & forscht nach neuen Reizen. Die meisten sind nach einem kurzen modisch-psychedelischen Trip zurück zu Mutter Konsum ins Bett. Viele sind stramm nach rechts ausgeschert, weiter verdrängend, damit sie nicht ständig das eigene Ich klotzig anstarrt.

Nicht wenige schießen sich aus dem Dilemma eines einseitig erweiterten Bewußtseins heraus; waschen einer neuen religiösen Größe den verstaubten Fuß . . . Leary: von der Reaktion gekidnappt damit das 'Exempel' statuiert werden kann & der nicht-konforme Außenseiter seine Lektion bekommt & fürderhin am Stigma einer Geistestörung zu tragen hat, was, nebenbei bemerkt, nichts nutzen wird, weil es zu spät ist. Learys 'Auftrag' ist propagiert!

Ein paar Sub-Zeitungen gehen das Thema erneut an. Cooler, distanzierter, an Erfahrungen & Durchblick wesentlich reicher, Erkenntnisse be- & verarbeitend, nach alternativen Möglichkeiten suchend, fragend . . . Castaneda postuliert seine Bilanzen ekstatischen (für ihn & Weiß-Euro-Amerika neuen) Glücks & die mystischen Wege zum eigenen Geist & zum Geist der Dinge dieser Welt.

Er stellt die Thematik auf einen Sockel, von wo sie wohl vorläufig niemand mehr herunterholt. Für einen Wissenschaftler schreibt der Mann darüber hinaus erstaunlich unkonventionell, verständlich & sogar spannend – ähnlich wie Levi Strauss seine 'Traurigen Tropen' – & nicht zu vergessen: mit einer verblüffenden *Ehrlichkeit.* Eine *Feldstudie* des eigenen kaputten Selbst.

Juan Matus, der Yaqui-Indianer aus Sonora, der 'Lehrer' Castanedas, Zauberer & 'Heiliger', artikuliert die Philosophie des Ganzheitlichen mit einem seltsamen Sarkasmus, der aber durch das eigenartig-'zivilisierte' Fragen Castanedas sehr oft erst provoziert, richtig ist, & der Indianer sagt *Wahrheiten* derart direkt, daß der kompliziert programmierte Castaneda sie erst einmal kategorisch ablehnt oder wissenschaftlich aufzufangen sucht. Er wehrt sich mit Händen & Füßen gegen die Offenbarung seiner Seele – durch einen 'Fremden'. Kurz: der Prozeß zwischen den beiden gerät selbst zu einem *Trip.*

Jedenfalls, da setzt sich die Vorstellung fest, daß ein in Zukunft vermutlich wichtig werdender Faktor die Einnahme psychoaktiver Drogen – wie Peyote – als *Sakrament,* zur Sichtbarmachung der Seele sein wird – oder sein könnte.

1947 formuliert John Collier (Indianer Heute /Sonderheft Aug. 72/*'Antikulturen'*):

". . . In Völkern, für die die Indianer eine Rolle spielen, wird man allmählich zwei Dinge bemerken. Erstens, daß die Erde, die Gewässer, die Wälder, das Tierleben, mit anderen Worten, das ganze Gewebe des Lebens, das das Volk erhält, verschwendet & zerstört wird. Oft unwiederbringlich & todbringend. Zweitens, daß das Gemeindeleben, die Demokratie der kleinen Gemeinschaften, ihre Werte, die nötig sind, um Schönheit, Weisheit & Stärke zu bewahren, ja die menschliche Gesellschaft selbst verkommt, – genauso wie ihre Naturschätze & Lebensgrundlagen verkommen. Je mehr dies bewußt wird, desto mehr werden sich die Völker den indianischen Gemeinschaften zuwenden & die offenliegenden Geheimnisse suchen, die sie zu offenbaren haben . . ."

Das scheint heute zu geschehen. Mit anderen Worten: Leute, "für die die Indianer einer Rolle spielen", sind sicher, daß die globale Zukunft (indianisch) *Rot* sein wird oder nicht weiter existent, & wenn rot, wird sie *auch* die Einnahme bestimmter Drogen zu ganz bestimmten Anlässen & Zwecken beinhalten.

Inzwischen haben die, die psychotrope Drogen bewußt gebrauchen & weiter nehmen, die Frage: ob bewußtseinserweiternde Mittel zur Rückerlangung ekstatischer Urzustände, zur Wiedergewinnung einer Basis der Selbsterkenntnis geeignet seien, längst mit *Ja* beantwortet.

In der ersten Phase der sogen. Drogenwelle wurde das mit einem Enthusiasmus getan, der keinerlei Einschränkungen kannte & den Gebrauch für *jeden* befürwortete.

Die Situation ist jetzt verändert.

Man weiß jetzt, daß das, was für den einen Instrument zur Emanzipation seines Selbst & letztlich gesellschaftspolitisch verändernd wirksam ist, daß dies für einen anderen genauso *Flucht* in den grenzenlosen Traum & exotischen Konsum ist. Letzterer tut nur das, was er gelernt hat: er langt hin, nimmt & wartet darauf, vom Bilderdienst des Großen Geistes bedient zu werden.

Die Yonoama, ein Stamm am oberen Orinoko (der mittlerweile wohl auch unserem Fortschrittsfanatismus & den 'wirtschaftlichen *Notwendigkeiten*' sein Leben opfern mußte) – die Yonoama schnupften das Pulver Yopo oder Ebena, eine psychoaktive Mixtur aus der Rinde eines bestimmten Baumes & einer Akazienart dieser Region. Sie schnupften, "um heilig zu werden". "Wir haben Yopo, deshalb hören & wissen wir alles, & die nach uns kommen, werden alles wissen, solang sie Yopo nehmen . . ."

Das ist es, was *Wir* verloren haben: die Fähigkeit, ein Wissen anzapfen zu können, das ohne technisch verlängerte Nervenenden auskommt & das nicht von der Industrie zu gesteigerter Leistung & allmählichem Tod der Persönlichkeit gelenkt wird – durch Pillen, Tropfen, Injektionen, Sonderangebote, Medien, Parteien, Ämter . . .

Yopo, die Substanz Gottes in der Akazie vor der Haustür. So wie Indianer sich verstehen, als *Teil* natürlicher Ordnungen, ist jeder Tag & jede Tätigkeit *Gebet* & die Droge der Katalysator zum Eintritt in die Welt hinter den sichtbaren Wahrheiten – die auf den Werbeflächen des Vatikan nach Käufern schreien.

Die über 60.000 (registrierten) Säufer der BRD saufen ja nicht, um 'heilig' zu werden, sondern um den miesen Trip von gestern & die täglichen Zwänge zu vergessen. Nicht der Schuh wird dem Fuß angepaßt, — der Fuß wird, den Bedürfnissen der Schuhindustrie entsprechend, verkrüppelt.

Das 'Heilige' den 'Primitiven'/ die Zuwachsraten der Zivilisation

Die Bedeutung & die Notwendigkeit urgemeinschaftlicher Seinsweisen wird nur von denen verstanden, die sich damit auseinandergesetzt haben, die noch leben oder zu leben versuchen, oder denen, die tatsächlich verstanden haben, was die 'Droge' u.a. zu sagen hat. Die, die aktiv werden, weil sie beim Ausbeuteln ihrer Seele auf die einprogrammierten Symptome stießen, die an der Seele fraßen. Die Aktion wollen, weil sie erfahren haben, daß die Droge *auch* bewußtlos machen kann, — tot/oder irre.

Sie wissen auch, daß die Psychoaktiven nur *ein* Mittel sind, 'Gott zu suchen' oder 'heilig' zu werden & daß es eine Menge anderer Mittel & Methoden gibt. Sie wissen auch, daß die psychoaktiven Drogen in den Taschen neu-traditioneller Schamanen zu finden sein werden. Ob diese nun Psychotherapeuten sind oder in den Bergen & Wäldern lebende Hexer & Hexen, — das wird sich zeigen.

Was die *Native American Church* — die *Amerikanische Eingeborenenkirche* — treibt, ist nichts anderes als die Sakramentierung einer psychotropen Droge, wenn auch zum größten Teil im Namen eines Herrn aus Judäa, der vor 2000 Jahren seine Weichen zu stellen wußte.*

* *Native American Church/Amerikanische Eingeborenenkirche*, d.h. der organisierte Zusammenschluß von Peyotisten Amerikas. Eine Organisation mit Rechtsstatus, hoher Mitgliederzahl & starken christlichen Elementen. Entstanden aus dem sogenannten 'Peyote-Cult', der eine breite Basis in der indianischen Bevölkerung fand, als die Regierung um 1890 den Geistertanz verbot. Peyote, ursprünglich nur wenigen Stämmen der mexikanischen Hochebenen & dem südlichen Teil der heutigen USA bekannt, wird von weiter nördlich wohnenden Stämmen übernommen & verbreitet sich über den gesamten nördlichen Teil des Kontinents. Die gemeinsame Einnahme der Pflanzenköpfe kittet die gebrochene Einheit, verbindet Stämme & Menschen in einer Bewegung. Sie bringt einen 'neuen' Indianer hervor: er ist seinen Traditionen verpflichtet & versucht innerhalb der Bewegung zu den ursprünglichen Inhalten indianischen Seins zurückzugehen.

Wieso sollte dieser *Schritt* nicht hier in Europa ebenso vollziehbar sein & wirksam werden können? Von einigen (wenn auch wenigen) wird er ja bereits & seit langem praktiziert, – allerdings ohne den christlichen Brokat & unorganisiert. Daß dies kriminalisiert & totgeschwiegen oder zu Schweigen gebracht wird, gehört zum 'guten Ton' unserer Gesellschaft. Peyote (u.a.) öffnet vielen – *nicht* allen – die Augen & hält sie darüber hinaus & fürderhin offen. Damit trägt es in sich die Fähigkeit, Verhalten zu verändern. Die Scheuklappen, die diktierten, sind weg. Manche kriegen den großen Kick in die totale Überaktion, in blindes Wüten nach allen Seiten, – die anderen wissen, daß der neue Erlebnisbereich ein uralter ist & daß die Scheuklappen eine Erfindung des 'Mann & Macht-Zeitalters' sind & ihnen nur den Ausschnitt aus der Wirklichkeit lassen, den die *Männer* für sie für wichtig halten. Logisch, daß das Pferd auch das Geschirr los sein will & entsprechend bockt.

Männer haben uns um die Mystik & den *Glauben* gebracht.

Die Indianer & die, die psychoaktive Drogen gebrauchen – bewußt & kontrolliert –, suchen ja im Grunde genau nach dieser *uns* entwendeten Erfahrung von Mystik & den Glauben an den Glauben zurückzugewinnen oder aufrechtzuerhalten. Mystik ist ja für den 'normalbewußten', d.h. angepaßten, gehorsamen & gleichgeschalteten Zivil-Eunuchen ein suspekt-imaginäres Loch – dunkel & unheimlich –, in das er nichts mehr hineinzustecken hat. Es wurde & wird ihm als verschwommen, unwirklich, untergründig & hintergründig, geheimnisvoll, gefährlich, ungreifbar – sprich: unverwertbar & schädlich ins Gebein gebläut. Teil allgemeiner Bevormundung.

Ich glaube, daß die Droge ein legitimes Mittel ist, einen angefangenen Weg zu Ende zu gehen, der (eben) Mystik heißt & der uns zurückführen könnte zu Lebensweisen, die uns wieder an Dinge glauben lassen, die wir zwar nicht anfassen & nur selten *sehen* können, die aber mit dem Herzen & durch die Seele fühlbar sind.

Viele sind es nicht, die sich die Droge(n) zum 'Verbündeten' machen – wie das bei Castaneda heißt – & die Potenzen des Hirns trainieren, die bisher nicht genutzt wurden, weil die Wirtschaft sie nicht nutzen konnte, die aber eines der Seile sein dürften, die aus der Schlucht heraus auf das Plateau führen, auf dem der Mensch *Stammesmensch & Rot* sein kann. Potenzen, die uns hinaus führen zu eigenen Wurzeln, zu archaischer Verwandtschaft & zur Gemeinschaft, in der auch *Gott* ist (wieder).

Wenn das Hirn *Erinnerungen* aus der Kiste kramt, die zurückgehen bis in nicht-menschliche Seinsformen, in zellulare Bewußtseinsebenen, in den gut durchbluteten Kuchen, in dem wir alle wohlbehütet durch das Kollektiv anders geformter Verwandtschaft der Seinsform *Mensch* entgegen dämmerten, – dann ist es leichter zu verstehen, daß das Nach- & Durchleben sämtlicher Zustände der Evolution dem 'Reisenden' seine Stellung innerhalb dieser ganzen zyklischen Angelegenheiten ziemlich profiliert ins Bewußtsein stanzt. Dadurch wird sein Verhalten beeinflußt & verändert.**

Er sieht sich wieder als Teil einer längst verloren geglaubten *Einheit* der *Dinge* dieser *Welt*.

Damit erreicht das Bewußtsein wieder die kollektive Erlebnisfähigkeit, die Urgemeinschaften & Stammesmenschen so augenscheinlich demonstrieren.

"Man denke sich ein Volk, daß der Stimme im Winde lauscht & die Sprache der Bäume spricht. Man denke sich ein Volk, das Schritte tanzt, die seine Ahnen von den Kaninchen lernten, als Menschen & Kaninchen noch an den gleichen Ritualen teilnehmen konnten."

** Timothy Leary unterscheidet 6 Bewußtseinsebenen: I. die minimalen Bewußtseinsebenen: Schlaf, Koma, Stupor. II. die Ebene der Symbole – oder das sogen. 'normale Wachbewußtsein'. III. die Ebene des sinnlichen Bewußtseins – extern oder direkt. Auf der zweiten Ebene ist die ganze Aufmerksamkeit passiv oder indirekt auf Dinge, bzw. Symbole gerichtet, die gesehen, gehört usw. werden. Das sinnliche Bewußtsein geht weiter & empfängt durch die Sinnesorgane Energien von außen direkt, die auch bewußt aufgenommen werden können. IV. die Ebene des sinnlichen Bewußtseins extern. Bewußtwerdung der Impulse & Energien innerhalb des eigenen Körpers. Chakras = Zentren: das sexuelle, das der Verdauung, der Atmung, des Herzens usw. V. das zellulare Bewußtsein – womit wohl der Zustand der Transzendenz gemeint ist – auch: 'das Bewußtsein des Reinen Klaren Lichts'. "An diesem Punkt verliert sich die Karte des Bewußtseins im Dunkel. Unsere Symbole werden poetisch & mystisch".

Unser ganzes egoistisches Verwertbarkeitsdenken & diese schizophrene Naturüberwindungshysterie, Besitz & Machtkonzentration, der unerschütterliche Glaube an die Göttlichkeit von *Weiß* & Macht, das alles sind Beulen einer Krankheit, die platzen müssen, weil die verpestete Suppe darin sich immer weiter ausdehnt.

Wenn es soweit ist, wird sich zeigen, weshalb z.B. die roten Amerikaner beinahe 500 Jahre in dieser Suppe überlebten.

Nicht weil sie Drogen nahmen, – aber *auch*. Unter anderem sind Drogen hier *eines* der Mittel, um mystische Erlebnisfähigkeiten in Gang zu halten. Sie gehören mit zur Basis einer Ur- oder Stammesgemeinschaft.

Kinni-Kinnick, der 'Indianertabak', die 'Droge' des nördlichen Amerika ohne psychoaktive Substanzen, törnte & törnt die Indianer an, wie das 'Gras' – die blaue Blume süd- & fernöstlicher Herkunft – den Kreis derer, die dies nehmen. Beim Kinni-Kinnick ist es der Tabak plus *Glauben*, die gemeinsam das High erzeugen. Der rituell verbrannte Teil Natur – oder dessen Rauch – erfreut den Großen Geist (& den eigenen) & dieses Tun vermittelt die Kontakte zur Seele, funktioniert als *Sakrament*, als Schlüssel.

Die jahrtausendealten Erfahrungen der Indianer mit psychoaktiven Substanzen (die aztekischen Priester besaßen neben dem Peyote mehr als 14 verschiedene Mittel – hauptsächlich Pilze –) machen sie zu 'Eingeweihten', die davor warnen, zu schnelle Lösungen zu erwarten, – was bei immerhin mit Schnellkaffee, Sofortwäsche, Direktübertragung & Blitzkriegen Aufgewachsenen ja durchaus naheliegt zu erwarten. Bei vielen Gemeinschaften des indianischen Amerika löst die Droge Peyote die traditionelle Visionssuche ab. Der Geist schließt sich auch hier an das Erfahrungsnetz *All*-gegenwärtiger Kräfte an. Gott wird erfahrbar & zum Objekt der Identifikation. Nur, bei Peyote sind die auslösenden Mittel chemisch, während bei der Visionssuche die Freiheit des Geistes von einem (meist) körperlichen *Nein* herrührt – aus einem biologischen Streß sozusagen. (Bei der Visionssuche ging der Suchende in die Einsamkeit & fastete, bis er in einer Vision seinen Schutzgeist *erfuhr*).

Die 'Drogen' sind dir verbündet, wenn du verstehst, sie dazu zu machen. Sie sind aber nicht das Patent zur Lösung globaler

Knoten oder “die Lösung für Scheinprobleme”, ein Argument, mit dem die Pharmazie ihre Produkte an *ihre* Kundschaft verschachert.

Die Droge ist nichts weiter als ein Spiegel, meint Baudelaire, ein Spiegel, in dem du eine Menge mehr sehen kannst als die *Haut.*

Peyote & die anderen Psychoaktiven könnten den latenten *Indianer* oder den verlorenen Germanen in uns festmachen, könnten die Wurzeln aus dem Dunkel holen, den Haien aus dem Rachen reißen, die Schranken & Neurosen abbauen helfen, die verhindern, daß wir uns selbst begegnen.

Würden die Pforten der Wahrnehmung gereinigt, erschiene
den Menschen alles, wie es ist: unendlich!
William Blake

Donald Barthelme

DIE LEHREN DES DON B.:

Ein Yankee-Weg des Wissens

Als ich vor einigen Jahren in Manhatten anthropologische Feldforschung betrieb, begegnete ich auf der West Eleventh Street einem Yankee unbestimmten Alters, der sich, wie ich erfuhr, Don B. nannte. Er lehnte in tiefer Erstarrung – der tiefsten vermutlich, die ich je gesehen hatte –, an einem Gebäude. Don B. war ziemlich groß, trug einen dünnen Bart und hatte, wie es in dem Stadtteil üblich war, Jeans und ein blaues Arbeitshemd an. Nachdem ein gemeinsamer Bekannter mich ihm vorgestellt hatte, erklärte ich ihm, daß ich von seiner Kenntnis der Geheimnisse bestimmter, für die Yankeekultur charakteristischer Halluzinogene erfahren hätte, und daß ich daran beruflich interessiert sei. Ich teilte ihm meinen Wunsch mit, von ihm zu lernen und fragte ihn, ob ich mit ihm über das Thema sprechen könne. Er starrte mich nur an, ohne eine Antwort zu geben, und sagte schließlich „nein". Als er jedoch meine Bestürzung sah, die ich nicht verbergen konnte, sagte er, ich könne in zwei Jahren wiederkommen, wenn ich wolle. In der Zwischenzeit werde er über mein Vorhaben nachdenken. Dann schloß er wieder die Augen, und ich verließ ihn.

Als ich ihn im Sommer 1968 erneut aufsuchte, lehnte er immer noch am gleichen Haus. Seine Erstarrung kam nun ausgesprochener Schwermut nahe, aber er grüßte mich recht freundlich. Wieder fragte ich ihn, ob er mein Lehrer sein wolle. Er fixierte mich lange und sagte dann „ja". Aber, so warnte er mich, Zustände nicht-alltäglicher Wirklichkeit könne nicht jeder erreichen, und wenn jemand durch Zufall in einen solchen Zustand geraten sollte, würde er es wahrscheinlich bereuen. Die Yankeekultur sei eine schreckliche Sache, sagte er mir, und man könne sie nicht ohne weiteres kennenlernen, man müsse vielmehr darauf vorbereitet sein. Er fragte mich, ob ich gewillt sei, die mit einer solchen Erfahrung verbundenen Gefühle des Schmerzes, Glücks, der Erschütterung, des Schreckens und der Qual auf mich zu nehmen? Ob ich z.B. empfindlich sei? Ich antwortete, daß ich bereit und nicht – oder nicht besonders – empfindlich sei. Daraufhin führte er mich in das Gebäude, an dem er gelehnt hatte. Wir gingen in einen kleinen, sparsam eingerichteten Raum mit Hunderten von Büchern, die überall herumlagen. In der Mitte des Raumes brannte ein helles Feuer. Don B. legte noch ein paar Bücher aufs Feuer und bot mir einen Platz an, und dann führten wir ein Gespräch, dem noch viele andere folgen sollten. Das folgende Material gibt meine Notizen wieder, die um die weniger interessanten Abschnitte gekürzt wurden, jedoch im wesentlichen genau schildern, was sich in der Zeit ereignete, als ich Don B.s Schüler war.

Wenn man sich mit einer neuen Methode der Interpretation der Welt beschäftigt, die sich von der unsrigen unterscheidet, sollte man abwarten, ehe man sich ein eigenes Urteil bildet. Ich habe es so gehalten, und ich möchte den Leser bitten, es mir nachzutun.

11. Juni 1968

Wir saßen mit gekreuzten Beinen in Don B.s Zimmer auf dem Fußboden und sahen einander an; das Feuer, das selbst im Sommer brannte, war zwischen uns. Ich beschloß, Don B. wegen des Feuers zu fragen, denn es war ausgesprochen heiß im Raum.

„Warum brennt das Feuer, Don B. – Es ist heiß hier drin."

Don B. fixierte mich eine Zeitlang, ohne eine Antwort zu geben. Dann sagte er: „Feuer brennt, weil das seine Aufgabe ist. Feuer ist ein Freund. Aber man muß ihn zu behandeln wissen. In ihm befinden sich tausend unsichtbare *brillos,* die, wenn sie entfesselt sind, Leben und Eigentum erheblichen Schaden zufügen können. Darum gibt es Feuerspritzen. Sie spritzen Wasser auf Feuer und ertränken die unsichtbaren *brillos,* die das Wasser fürchten."

„Was ist ein *brillo,* Don B.?"

„Eine Art unsichtbarer Teufel."

„Aber warum brennt dein Feuer kein Loch in den Fußboden?"

„Weil ich Feuer verstehe und seine Geheimnisse kenne", sagte Don B. „Als ich noch ein Junge war und in Philadelphia lebte, ergriff Feuer viele Häuser, Geschäfte und andere Gebäude und brannte sie bis auf die Grundmauern nieder. Aber es verschonte mein Haus, weil ich seine Geheimnisse kannte und Feuer das wußte. Deswegen ließ es mich aus."

„Welches sind seine Geheimnisse, Don B.?"

Don B. lachte dröhnend.

"Du bist ein Dummkopf", sagte er. „Du bist kein Mann des Wissens. Nur ein Mann des Wissens kann Geheimnisse verstehen. Selbst wenn ich dir Feuers Geheimnise mitteilen würde, könntest du nichts damit anfangen.

„Kann ich ein Mann des Wissens werden, Don B.?"

Don B. verfiel in Schweigen. Er blickte eine Zeitlang auf seine Knie.

Dann sah er mich fest an.

„Vielleicht", sagte er.

Ich ging, von einem intensiven Gefühl der Wärme erfüllt.

13. Juni 1968

Wir saßen wie zuvor auf dem Fußboden von Don B.s Zimmer.

„Wer ist ein Mann des Wissens, Don B.?" fragte ich.

„Ein Mann des Wissens", gab Don B. zur Antwort, „ist jemand, der weiß. Und nicht nur das, er weiß, daß er weiß. Er hat einen Verbündeten, der ihm dabei hilft."

„Was tut der Verbündete, Don B.?"

„Der Verbündete hilft dem Mann des Wissens, zu wissen, und er hilft ihm auch, zu wissen, daß er weiß."

„Hast du einen Verbündeten, Don B.?"

„Natürlich."

„Wer ist dein Verbündeter, Don B.?"

„Turkey", sagte er und lachte dröhnend.

Ich ging mit dem Gefühl, ihn nicht richtig verstanden zu haben.

17. Juni 1968

Ich hatte Don B. etwas zu essen mitgebracht. Wir saßen auf dem Fußboden und aßen schweigend Fettucine auf Roggenkörnern.

Mit war aufgefallen, daß Don B. zwar stets sehr wenig aß, aber immer, wenn zwei belegte Brote vor uns lagen, aß er seine beiden Hälften auf und dann noch eine Hälfte von mir; das kam mir seltsam vor.

Unvermittelt sagte er: „Du fühlst dich unbehaglich."

Ich gab zu, daß ich mich etwas unbehaglich fühlte.

„Ich wußte, daß du dich unbehaglich fühlst", sagte er.

„Du hast deine Stelle nämlich noch nicht gefunden. Beweg dich im Raum auf und ab, bis du sie gefunden hast."

„Was meinst du damit, ich solle mich im Raum bewegen?"

„Das heißt, du sollst verschiedene Plätze ausprobieren."

Don B. erhob sich und verließ den Raum. Ich setzte mich an verschiedenen Stellen nieder. Ich hatte nicht verstanden, was er meinte. Ich hatte mich tatsächlich an der Stelle, an der ich saß, nicht besonders wohl gefühlt. Aber ich konnte keinen Ort entdecken, der mir besser vorgekommen wäre. Ich setzte mich probeweise auf verschiedene Plätze, aber keiner schien mir besser zu sein als der andere. Ich schwitzte und fühlte mich unbehaglicher denn je. So vergingen zwei Stunden. Ich setzte mich, so gut ich konnte, an alle möglichen Stellen. Aber keine schien mir besonders angenehm oder anders zu sein. Ich fragte mich, wo Don B. sein könnte. Dann bemerkte ich, daß eine Stelle nahe der Südwand eine Art gelber Helligkeit ausstrahlte. Mühsam bewegte ich mich in sitzender Haltung darauf zu; ich brauchte dazu zwölf Minuten. Ja! Tatsächlich! An der Stelle mit dem gelben Licht fühlte ich mich wesentlich wohler als an meinem ursprünglichen Platz. Die Tür öffnete sich, und Don B. trat lächelnd ein.

„Wo warst du, Don B.?"

„Im Kino.

Wie ich sehe, hast du deine Stelle gefunden."

„Du hattest recht, Don B. Diese Stelle ist besser als meine alte."

„Natürlich. Du hast zu nahe am Feuer gesessen, Dummkopf."

„Aber Don B.! Was ist das für eine gelbe Helligkeit, die über dieser Stelle zu schweben scheint?"

„Das ist die Lampe, Ignorant."

Ich blickte nach oben. Don B. hatte recht. Direkt über meiner neuen Stelle befand sich eine Leuchte mit zwei 150-Watt-Birnen. Sie brannte.

Ich ging mit dem starken Gefühl, es mit der Elektrizität zu tun gehabt zu haben.

18. Juni 1968

Ich fragte Don B. erneut nach den berühmten halluzinogen Substanzen, die die Yankees benutzten.

Er gab keine Antwort und legte nur sorgfältig ein weiteres Buch ins Feuer. Es war Elias Ashmoles *Theatrum chemicum Britannicum.*

„Wenn ich niese, bebt die Erde", sagte Don B. nach einiger Zeit.

Ich nahm diese Behauptung mit einiger Skepsis auf.

„Zeig es mir, Don B.", sagte ich.

„Ein Mann des Wissens niest niemals auf Kommando", entgegenete er. „Er niest nur, wenn dies angebracht und richtig ist, das heißt, wenn sein *brillo* in seiner Nase sitzt und ihn kitzelt."

„Wann ist es angebracht und richtig, zu niesen, Don B.?"

„Es ist angebracht und richtig zu niesen, wenn dein *brillo* in deiner Nase sitzt und dich kitzelt."

„Hat jeder Mensch seinen eigenen besonderen *brillo,* Don B.?"

"Der Mann des Wissens *hat* einen *brillo* und *ist* auch gleichzeitig ein *brillo.* Deswegen kann er so heftig niesen, daß dabei die Erde erbebt. *Brillo* heißt Nase, Arme, Beine, Leber – all das."

„Aber du hast gesagt, ein *brillo* sei ein Teufel, Don B."

„Manche Menschen *mögen* Teufel."

„Wie findet der Mann des Wissens seinen eigenen *brillo,* Don B.?"

„Durch den Gebrauch bestimmter halluzinogener Substanzen der Yankee-Kultur", antwortete Don B.

„Kann ich sie versuchen?"

Don B. fixierte mich lange – mit einem überaus intensiven Blick. Dann sagte er: „Vielleicht."

Ich ging mit einem starken Gefühl epistemologischer Verwirrung.

20. Juni 1968

„Die vier natürlichen Feinde eines Mannes des Wissens", sagte mir Don B., „sind Furcht, Schlaf, Sex und das Finanzamt."

Ich hörte ihm aufmerksam zu.

„Bevor man ein Mann des Wissens werden kann, muß man sie alle besiegen."

„Hast du die vier natürlichen Feinde des Mannes des Wissens besiegt, Don B.?"

„Alle bis auf den letzten", sagte er und verzog dabei das Gesicht.

„Diese Geldhyänen geben sich niemals geschlagen."

„Wie besiegt man die Furcht, Don B.?"

„Man nimmt einen Frosch und näht ihn an seinem Schuh fest", antwortete er.

„Am rechten oder am linken?"

Don B. warf mir einen mitleidigen Blick zu.

„Es sähe wohl ziemlich seltsam aus, wenn du mit nur einem Frosch am Schuh spazierengehen würdest, oder?" meinte er.

„Einen Frosch an *jedem* Schuh."

„Inwiefern hilft es einem, die Furcht zu überwinden, wenn man sich Frösche an den Schuhen festnäht, Don B.?"

Aber Don B. war eingeschlafen. In mir zog sich alles zusammen. Das stellte meine innersten Wertvorstellungen, zu denen u.a. auch die gute Behandlung von Fröschen gehört, in Frage. Ich wollte ja wirklich ein Mann des Wissens werden – aber um diesen Preis?

21. Juni 1968

Heute sah mich Don B. lange an. Sein sonst so durchdringender Blick war von einer Art feuchten Ironie erfüllt.

„Xavier", sagte er, „du hast etwas an dir, was mir gefällt. Ich glaube, es ist deine Gutgläubigkeit. Es ist sehr wichtig, zu glauben, wenn man ein Mann des Wissens werden und wirklich ‚sehen' will. Ich denke, du wirst eines Tages wahrscheinlich fähig sein, zu ‚sehen'. Aber das ‚Sehen' ist sehr schwierig. Erst nach sehr sorgfältiger innerer Vorbereitung wirst ‚sehen' können. Obwohl du kein Yankee bist, wirst du vielleicht in der Lage sein, dich angemessen vorzubereiten. Ichweiß es nicht. Ich will nichts garantieren."

„Wie bereitet man sich innerlich vor, Don B.?"

„Man reinigt sich entweder mit einer gelben Wärme oder mit einer rosa Helligkeit. Ich weiß nicht, was in deinem Fall das

Richtige ist. Es kommt auf die Person an. Jeder muß sich entscheiden. Wir wollen daher beides versuchen. Aber ich muß dir vorher sagen, daß es ein gefährliches und schwieriges Erlebnis ist. Dein ganzes Leben kann davon abhängen, wie du dich in der nächsten Stunde verhältst. Du mußt alles genauso machen, wie ich es dir sage. Das sind keine Kindereien, Kumpel."

Ich war von Angst und Schrecken erfüllt. Konnte ich, ein Mann aus dem Westen, in die tiefsten Geheimnisse der Yankees eindringen, ohne mich selbst und meine innerste Überzeugung in Gefahr zu bringen? Eine abgrundtiefe Traurigkeit ergriff mich, gefolgt von einer unbeschreiblichen Qual. Ich unterdrückte meine Gefühle. „Es ist gut, Don B.", sagte ich. „Wenn du wirklich meinst, daß ich bereit bin."

Don B. erhob sich und ging zu einem Schrank. Er öffnete ihn und entnahm ihm zwei Gefäße, die er in der Nähe des Feuers auf den Fußboden stellte. Aus einem anderen Schrank nahm er zwei gewöhnliche Trinkgläser und stellte sie daneben.

Dann ging er in einen anderen Raum und kehrte mit einer Art Topf mit einem Deckel darauf, einem kleinen runden gelben Gegenstand und einem Messer zurück. All das legte er in der Nähe des Feuers auf den Boden. Er kniete sich daneben und begann mit einem seltsamen, ziemlich schaurigen Gesang. Ich konnte nicht alles verstehen, aber es kamen die Worte „Stadt", „Pony" und „Feder" darin vor. Ich wußte nicht, ob ich auch singen sollte, wagte jedoch nicht, die Frage zu stellen, da ich ihn hätte unterbrechen müssen. Ich begann zu singen und versuchte es mit „Stadt-Pony-Feder".

Plötzlich hörte Don B. auf zu singen und begann, an dem kleinen gelben Gegenstand herumzuschnitzeln. Ich fragte mich, ob von dem kleinen Ding wohl die „gelbe Wärme" ausging, von der er gesprochen hatte? Bald lag ein Häufchen gelblicher Schnitzel vor ihm. Dann ergriff er eines der Gefäße, die er aus dem Schrank geholt hatte, und goß eine farblose Flüssigkeit – vielleicht 110 Gramm – in jedes der Trinkgläser. Dann begann er zu schielen und saß einige Zeit so da. Ich tat es ihm nach. Wir saßen einander etwa vier Minuten gegenüber, unsere Blicke kreuzten sich nicht, aber ich hatte den Eindruck, daß sie sich irgendwo im Weltall treffen müßten. Es war ein seltsames, schauriges Gefühl.

Don B. hörte auf zu schielen, blinzelte und lächelte mir zu. Er nahm das zweite Gefäß und goß eine zweite farblose Flüssigkeit in jedes Glas, aber viel weniger als zuvor; ich schätze, es waren etwa 15 Gramm pro Glas. Dann hob er den Deckel des Topfes hoch und nahm sechs kleine farblose Gegenstände heraus, von denen jeder etwa 2,5 auf 1,25 cm groß und rechteckig war und ließ je drei davon in ein Glas fallen. Daraufhin hob er einen gelblichen Schnitzel auf und rieb damit die Ränder der beiden Gläser. Schließlich rührte er die Mischungen mit seinem Zeigefinger um und reichte mir ein Glas.

„Trink es auf einmal aus", sagte er zu mir, „denn wenn du beim Trinken innehälst, wird der *brillo*, den wir herbeirufen – dein persönlicher *brillo* – nicht erscheinen. Dann gibt es ein fürchterliches, gottverdammtes Fiasko."

Ich tat, wie Don B. mich geheißen hatte und leerte das Glas in einem Zug. Sofort begann ich an allen Gliedern heftig zu zittern und eine schreckliche Übelkeit zog mein Gehirn zusammen. Ich bewegte mich zuckend auf dem Fußboden. Nacheinander erblickte ich (von links nach rechts) eine tiefe Betrübnis, eine gelbe Wärme, unbeschreibliche Qual und eine rosa Helligkeit. Don B. beobachtete mich mit einem spöttischen Lächeln auf dem Gesicht. Ich schwitzte, hatte Magenkrämpfe und hätte gern eine Zigarette geraucht.

Links sah ich, wie die tiefe Betrübnis in der gelben Wärme aufging, und rechts verschmolz die unbeschreibliche Qual mit der rosa Helligkeit, und plötzlich erhob sich vor mir – mit einem Bein auf der tiefen Betrübnis bzw. gelben Wärme und dem anderen auf der unbeschreiblichen Qual bzw. rosa Helligkeit – eine riesige Gestalt von ungefähr 30 Meter Höhe, die halb wie ein Mensch, halb wie ein Tier anzusehen war. Ein wirkliches Monster! Nicht einmal in den wildesten Abenteuergeschichten war mir etwas Derartiges begegnet. Mit der allergrößten Verwunderung starrte ich das Wesen an. Es war eigenartig und schaurig, und doch auch irgendwo vertraut. Und dann begriff ich plötzlich mit Entsetzen, mit Schrecken und einer Gänsehaut, daß das Ungetüm ein überdimensionaler Verleger war, der auf mich zuging und etwas von mir wollte! Ich wurde ohnmächtig. Als ich wieder zu mir kam, lud er mich zum Essen bei „Lutece" ein, und wir einigten uns auf einen Vorschuß von gut 50 Dollar.

Ich nahm an, obwohl mir bewußt war, daß ich noch kein Mann des Wissens im eigentlichen Sinne geworden war. Aber dazu würde ich sicher in anderen Büchern noch Gelegenheit haben, so dachte ich, und wenn ich nicht mehr weiterwüßte, könnte ich immer den guten alten Don B. wieder aufsuchen.

PRAJNAPARAMITA-HRDAYA-SUTRA
Das Sutra vom Herzen der Vollkommenen Weisheit

Seit über tausend Jahren ist dies Buch in allen Ländern des Mahayana-Buddhismus als Ausdruck der tiefsten Wahrheiten des Buddhismus verehrt worden. In dieser Ausgabe wird das Sutra mit Hilfe von Steinsiegeln dargeboten. Obwohl sich die Siegel auf alte chinesische Vorlagen stützen, ist jedes einzelne von ihnen eine eigene Schöpfung. Die Siegel werden begleitet von Pinselkalligraphien. Zusätzlich aufgenommen wurde die englische und die japanische Übersetzung. Bibliophile Ausgabe.

80 Seiten, zweifarbig illustriert, Broschur, DM 19,80

WEGE ZUR UNIVERSELLEN VERANTWORTUNG
Dalai Lama

In diesem Buch wird eine Auswahl von Texten aus der buddhistischen Tradition und „buddhistischen Ökologie" vorgestellt. Die Präsentation bietet eine interessante Verbindung zwischen westlichen und östlichen Formen. Mit Beiträgen von Geshe Rabten und Geshe Ngauang Dargiä.

96 Seiten, reich illustriert, Broschur, 15,5 x 22,5 cm, DM 15,—

DIAMANTWASSER
Sinn der Meditation
Zopa Rinpoche/Thubten Yeshe

Die in diesem Buch enthaltenen Vorträge und der Meditationskurs wurden von den Verfassern während einer Reise durch die Vereinigten Staaten gegeben. Mit der vorliegenden Veröffentlichung einer repräsentativen Auswahl von Lehrreden dieser Lamas vor westlichen Zuhörern hoffen wir, den an Möglichkeiten zur geistigen Entwicklung interessierten Menschen einen klaren Eindruck über die Wirkungsweise des Buddha-Dharma zu vermitteln.

94 Seiten, reich illustriert, 21 x 19,5 cm, Broschur, DM 19,80